Francis Ponge

Le parti pris des choses

Dossier et notes réalisés par
Émilie Frémond

Lecture d'image par
Alain Jaubert

folioplus

Ancienne élève de l'École normale supérieure de Fontenay-Saint-Cloud, agrégée
de lettres modernes, **Émilie Frémond**
enseigne actuellement en collège et achève
une thèse de doctorat consacrée au surréalisme.

Alain Jaubert est écrivain et réalisa-
teur. Après avoir été enseignant dans des
écoles d'art et journaliste, il est devenu
aussi documentariste. Il est l'auteur de
nombreux portraits d'écrivains ou de
peintres contemporains pour la télévision.
Il est également l'auteur-réalisateur de
Palettes, une série de films diffusée depuis
1990 sur la chaîne Arte et consacrée à la
lecture de grands tableaux de l'histoire
de la peinture. Il a publié deux romans
aux Éditions Gallimard *Val Paradis* (2004)
et *Une nuit à Pompéi* (2008).

Sommaire

Sommaire

Le parti pris des choses

Pluie

La pluie, dans la cour où je la regarde tomber, descend à des allures très diverses. Au centre c'est un fin rideau (ou réseau) discontinu, une chute implacable mais relativement lente de gouttes probablement assez légères, une précipitation sempiternelle sans vigueur, une fraction intense du météore[1] pur. À peu de distance des murs de droite et de gauche tombent avec plus de bruit des gouttes plus lourdes, individuées. Ici elles semblent de la grosseur d'un grain de blé, là d'un pois, ailleurs presque d'une bille. Sur des tringles, sur les accoudoirs de la fenêtre la pluie court horizontalement tandis que sur la face inférieure des mêmes obstacles elle se suspend en berlingots convexes. Selon la surface entière d'un petit toit de zinc que le regard[2] surplombe elle ruisselle en nappe très mince, moirée à cause de courants très variés par les imperceptibles ondulations et bosses de la couverture. De la gouttière attenante où elle

_____

1. Anciennement «phénomène de la haute atmosphère».
2. Le mot désigne également une ouverture pratiquée dans les aqueducs.

coule avec la contention d'un ruisseau creux sans grande pente, elle choit tout à coup en un filet parfaitement vertical, assez grossièrement tressé, jusqu'au sol où elle se brise et rejaillit en aiguillettes brillantes.

Chacune de ses formes a une allure particulière ; il y répond un bruit particulier. Le tout vit avec intensité comme un mécanisme compliqué, aussi précis que hasardeux, comme une horlogerie dont le ressort est la pesanteur d'une masse donnée de vapeur en précipitation.

La sonnerie au sol des filets verticaux, le glou-glou des gouttières, les minuscules coups de gong se multiplient et résonnent à la fois en un concert sans monotonie, non sans délicatesse.

Lorsque le ressort s'est détendu, certains rouages quelque temps continuent à fonctionner, de plus en plus ralentis, puis toute la machinerie s'arrête. Alors si le soleil reparaît tout s'efface bientôt, le brillant appareil s'évapore : il a plu.

La fin de l'automne

Tout l'automne à la fin n'est plus qu'une tisane froide. Les feuilles mortes de toutes essences macèrent dans la pluie. Pas de fermentation, de création d'alcool: il faut attendre jusqu'au printemps l'effet d'une application de compresses sur une jambe de bois.

Le dépouillement se fait en désordre. Toutes les portes de la salle de scrutin s'ouvrent et se ferment, claquant violemment. Au panier, au panier ! La Nature déchire ses manuscrits, démolit sa bibliothèque, gaule rageusement ses derniers fruits.

Puis elle se lève brusquement de sa table de travail. Sa stature aussitôt paraît immense. Décoiffée, elle a la tête dans la brume. Les bras ballants, elle aspire avec délices le vent glacé qui lui rafraîchit les idées. Les jours sont courts, la nuit tombe vite, le comique perd ses droits.

La terre dans les airs parmi les autres astres reprend son air sérieux. Sa partie éclairée est plus étroite, infiltrée de vallées d'ombre. Ses chaussures, comme celles d'un vagabond, s'imprègnent d'eau et font de la musique.

Dans cette grenouillerie[1], cette amphibiguïté[2] salubre, tout reprend forces, saute de pierre en pierre et change de pré. Les ruisseaux se multiplient.

Voilà ce qui s'appelle un beau nettoyage, et qui ne respecte pas les conventions! Habillé comme nu, trempé jusqu'aux os.

Et puis cela dure, ne sèche pas tout de suite. Trois mois de réflexion salutaire dans cet état; sans réaction vasculaire, sans peignoir ni gant de crin, Mais sa forte constitution y résiste.

Aussi, lorsque les petits bourgeons recommencent à pointer, savent-ils ce qu'ils font et de quoi il retourne, — et s'ils se montrent avec précaution, gourds et rougeauds, c'est en connaissance de cause.

Mais là commence une autre histoire, qui dépend peut-être mais n'a pas l'odeur de la règle noire qui va me servir à tirer mon trait sous celle-ci.

---

1. Mot forgé à partir de «grenouille» et «grenouiller» qui signifie à la fois «se baigner» et «boire abondamment». Le suffixe permet de désigner à la fois le milieu et le désordre qui y règne.
2. Mot-valise composé de «amphibie» et «ambiguïté».

Pauvres pêcheurs[1]

À court de haleurs[2] deux chaînes sans cesse tirant l'impasse à eux sur le grau du roi[3], la marmaille au milieu criait près des paniers :

« Pauvres pêcheurs ! »

Voici l'extrait[4] déclaré aux lanternes :

« Demie de poissons éteints par sursauts dans le sable, et trois quarts de retour des crabes vers la mer. »

1. Jeu de mots sur les homonymes « pêcheur »/« pécheur », parodie de l'Ave Maria.

2. Personnes qui remorquent un bateau depuis le rivage par un système de cordage.

3. Nom commun qui signifie « chenal », Le Grau-du-Roi désigne un port et une station balnéaire du littoral languedocien.

4. Le mot renvoie à la fois au discours qui suit et aux prises des pêcheurs.

Rhum des fougères

De sous les fougères et leurs belles fillettes[1] ai-je la perspective du Brésil ?

Ni bois pour construction, ni stères d'allumettes : des espèces de feuilles entassées par terre qu'un vieux rhum[2] mouille.

En pousse, des tiges à pulsations brèves, des vierges prodiges sans tuteurs : une vaste saoulerie de palmes ayant perdu tout contrôle qui cachent deux tiers chacune du ciel.

---

1. Le mot est une déformation de « feuillette » et désigne alors une « demi-bouteille de vin » en langage familier.
2. La macération des sous-bois humides est ici associée à la distillation de l'alcool.

Les mûres

Aux buissons typographiques constitués par le poème sur une route qui ne mène hors des choses ni à l'esprit, certains fruits sont formés d'une agglomération de sphères qu'une goutte d'encre remplit.

Noirs, roses et kakis ensemble sur la grappe, ils offrent plutôt le spectacle d'une famille rogue[1] à ses âges divers, qu'une tentation très vive à la cueillette.

Vue la disproportion des pépins à la pulpe les oiseaux les apprécient peu, si peu de chose au fond leur reste quand du bec à l'anus ils en sont traversés.

Mais le poète au cours de sa promenade professionnelle, en prend de la graine à raison : « Ainsi donc, se dit-il, réussissent en grand nombre les efforts

---

1. Dédaigneuse.

patients d'une fleur très fragile quoique par un rébar-
batif enchevêtrement de ronces défendue. Sans beaucoup d'autres qualités, — *mûres*, parfaitement elles
sont mûres — comme aussi ce poème est fait. »

Le *cageot*

À mi-chemin de la cage au cachot la langue française a cageot, simple caissette à claire-voie vouée au transport de ces fruits qui de la moindre suffocation font à coup sûr une maladie[1].

Agencé de façon qu'au terme de son usage il puisse être brisé sans effort, il ne sert pas deux fois. Ainsi dure-t-il moins encore que les denrées fondantes ou nuageuses qu'il enferme.

À tous les coins de rues qui aboutissent aux halles, il luit alors de l'éclat sans vanité du bois blanc. Tout neuf encore, et légèrement ahuri d'être dans une pose maladroite à la voirie jeté sans retour, cet objet est en somme des plus sympathiques, — sur le sort duquel il convient toutefois de ne s'appesantir[2] longuement.

---

1. L'expression familière et figurée est à comprendre ici au pied de la lettre.
2. Le mot signifie à la fois «insister longuement» et «faire porter son poids sur». S'appesantir sur le cageot risquerait donc de le rompre.

La bougie

La nuit parfois ravive une plante singulière dont la lueur décompose les chambres meublées en massifs d'ombre.

Sa feuille d'or tient impassible au creux d'une colonnette d'albâtre par un pédoncule très noir.

Les papillons miteux[1] l'assaillent de préférence à la lune trop haute, qui vaporise les bois. Mais brûlés aussitôt ou vannés dans la bagarre, tous frémissent aux bords d'une frénésie voisine de la stupeur.

Cependant la bougie, par le vacillement des clartés sur le livre au brusque dégagement des fumées originales encourage le lecteur, — puis s'incline sur son assiette et se noie dans son aliment.

---

1. Ponge détourne le sens habituellement péjoratif de l'adjectif pour en faire un dérivé de « mite ». Les papillons de nuit rappellent les mites par la poussière qui semble recouvrir leurs ailes.

La cigarette

Rendons d'abord l'atmosphère à la fois brumeuse et sèche, échevelée, où la cigarette est toujours posée de travers depuis que continûment elle la crée.

Puis sa personne : une petite torche beaucoup moins lumineuse que parfumée, d'où se détachent et choient un rythme à déterminer un nombre calculable de petites masses de cendres.

Sa passion enfin : ce bouton embrasé, desquamant en pellicules argentées, qu'un manchon immédiat formé des plus récentes entoure.

L'orange

Comme dans l'éponge il y a dans l'orange une aspiration à reprendre contenance[1] après avoir subi l'épreuve de l'expression[2]. Mais où l'éponge réussit toujours, l'orange jamais : car ses cellules ont éclaté, ses tissus se sont déchirés. Tandis que l'écorce seule se rétablit mollement dans sa forme grâce à son élasticité, un liquide d'ambre s'est répandu, accompagné de rafraîchissement, de parfum suaves, certes, — mais souvent aussi de la conscience amère d'une expulsion prématurée de pépins.

Faut-il prendre parti entre ces deux manières de mal supporter l'oppression ? — L'éponge n'est que muscle et se remplit de vent, d'eau propre ou d'eau sale selon : cette gymnastique est ignoble. L'orange a meilleur goût, mais elle est trop passive, — et ce

---

1. « Reprendre contenance » signifie à la fois « retrouver son sang-froid » mais aussi littéralement « retrouver sa capacité à contenir », « reprendre forme ».
2. Le mot renvoie initialement à l'action d'extraire un liquide en pressant le corps qui le contient.

sacrifice odorant... c'est faire à l'oppresseur trop bon compte vraiment.

Mais ce n'est pas assez avoir dit de l'orange que d'avoir rappelé sa façon particulière de parfumer l'air et de réjouir son bourreau. Il faut mettre l'accent sur la coloration glorieuse du liquide qui en résulte, et qui, mieux que le jus de citron, oblige le larynx à s'ouvrir largement pour la prononciation du mot comme pour l'ingestion du liquide, sans aucune moue appréhensive de l'avant-bouche dont il ne fait pas se hérisser les papilles.

Et l'on demeure au reste sans paroles pour avouer l'admiration que mérite l'enveloppe du tendre, fragile et rose ballon ovale dans cet épais tampon-buvard humide dont l'épiderme extrêmement mince mais très pigmenté, acerbement sapide[1], est juste assez rugueux pour accrocher dignement la lumière sur la parfaite forme du fruit.

Mais à la fin d'une trop courte étude, menée aussi rondement[2] que possible, — il faut en venir au pépin. Ce grain, de la forme d'un minuscule citron, offre à l'extérieur la couleur du bois blanc de citronnier, à l'intérieur un vert de pois ou de germe tendre. C'est en lui que se retrouvent, après l'explosion sensation-nelle de la lanterne vénitienne de saveurs, couleurs et

---

1. Qui a un goût prononcé.
2. L'adverbe signifie habituellement «avec efficacité», mais le sens littéral est ici réactivé («de manière ronde»).

parfums que constitue le ballon fruité lui-même, — la dureté relative et la verdeur (non d'ailleurs entièrement insipide) du bois, de la branche, de la feuille : somme toute petite quoique avec certitude la raison d'être du fruit.

L'huître

L'huître, de la grosseur d'un galet moyen, est d'une apparence plus rugueuse, d'une couleur moins unie, brillamment blanchâtre[1]. C'est un monde opiniâtrement clos. Pourtant on peut l'ouvrir : il faut alors la tenir au creux d'un torchon, se servir d'un couteau ébréché et peu franc, s'y reprendre à plusieurs fois. Les doigts curieux s'y coupent, s'y cassent les ongles : c'est un travail grossier. Les coups qu'on lui porte marquent son enveloppe de ronds blancs, d'une sorte de halos.

À l'intérieur l'on trouve tout un monde, à boire et à manger : sous un *firmament*[2] (à proprement parler) de nacre, les cieux d'en-dessus s'affaissent sur les cieux d'en-dessous, pour ne plus former qu'une mare, un sachet visqueux et verdâtre, qui flue et reflue à l'odeur et à la vue, frangé d'une dentelle noirâtre sur les bords.

Parfois très rare une formule[3] perle à leur gosier de nacre, d'où l'on trouve aussitôt à s'orner.

---

1. Ponge a commenté dans les *Entretiens* avec Philippe Sollers cette alliance de termes inhabituelle pour décrire sa méthode et suggéré que l'accent circonflexe du mot vedette avait sans doute suscité la récurrence du suffixe *-âtre* dans le poème.
2. Étymologiquement « appui, soutien ».
3. Étymologiquement « petite forme ».

Les plaisirs de la porte

Les rois ne touchent pas aux portes.

Ils ne connaissent pas ce bonheur : pousser devant soi avec douceur ou rudesse l'un de ces grands panneaux familiers, se retourner vers lui pour le remettre en place, — tenir dans ses bras une porte.

... Le bonheur d'empoigner au ventre par son nœud de porcelaine l'un de ces hauts obstacles d'une pièce ; ce corps à corps rapide par lequel un instant la marche retenue, l'œil s'ouvre et le corps tout entier s'accommode à son nouvel appartement.

D'une main amicale il la retient encore, avant de la repousser décidément et s'enclore, — ce dont le déclic du ressort puissant mais bien huilé agréablement l'assure.

Les arbres se défont
à l'intérieur d'une sphère
de brouillard

Dans le brouillard qui entoure les arbres, les feuilles leur sont dérobées ; qui déjà, décontenancées[1] par une lente oxydation, et mortifiées[2] par le retrait de la sève au profit des fleurs et fruits, depuis les grosses chaleurs d'août tenaient moins à eux.

Dans l'écorce des rigoles verticales se creusent par où l'humidité jusqu'au sol est conduite à se désintéresser des parties vives du tronc.

Les fleurs sont dispersées, les fruits sont déposés. Depuis le plus jeune âge, la résignation[3] de leurs qualités vives et de parties de leur corps est devenue pour les arbres un exercice familier.

---

1. Voir note 1 de « L'orange » p. 18.
2. Si le mot a aujourd'hui le sens affectif de « humilié », certains emplois anciens ou spécialisés renvoient à un processus de décomposition chimique.
3. L'abandon. « Résigner » signifie étymologiquement « enlever le sceau, décacheter ».

Le pain

La surface du pain est merveilleuse d'abord à cause de cette impression quasi panoramique qu'elle donne : comme si l'on avait à sa disposition sous la main les Alpes, le Taurus[1] ou la cordillère des Andes.

Ainsi donc une masse amorphe en train d'éructer[2] fut glissée pour nous dans le four stellaire, où durcissant elle s'est façonnée en vallées, crêtes, ondulations, crevasses... Et tous ces plans dès lors si nettement articulés, ces dalles minces où la lumière avec application couche ses feux, — sans un regard pour la mollesse ignoble sous-jacente.

Ce lâche et froid sous-sol que l'on nomme la mie a son tissu pareil à celui des éponges : feuilles ou fleurs y sont comme des sœurs siamoises soudées par tous les coudes à la fois. Lorsque le pain rassit ces fleurs fanent et se rétrécissent : elles se détachent alors les unes des autres, et la masse en devient friable...

---

1. Chaîne de montagnes de l'Anatolie.
2. Le mot signifie «rendre par la bouche des gaz contenus dans l'estomac» et semble employé ici en référence à la levure chimique qui libère des gaz sous l'effet de la chaleur.

Mais brisons-la[1] : car le pain doit être dans notre-bouche moins objet de respect que de consommation.

Le *feu*

Le feu fait un classement : d'abord toutes les flammes se dirigent en quelque sens…

(L'on ne peut comparer la marche du feu qu'à celle des animaux : il faut qu'il quitte un endroit pour en occuper un autre ; il marche à la fois comme une amibe et comme une girafe, bondit du col, rampe du pied…)

Puis, tandis que les masses contaminées avec méthode s'écroulent, les gaz qui s'échappent sont transformés à mesure en une seule rampe de papillons.

Le cycle des saisons

Las de s'être contractés tout l'hiver les arbres tout à coup se flattent d'être dupes[1]. Ils ne peuvent plus y tenir : ils lâchent leurs paroles, un flot, un vomissement de vert. Ils tâchent d'aboutir à une feuillaison complète de paroles. Tant pis ! Cela s'ordonnera comme cela pourra ! Mais, en réalité, cela s'ordonne ! Aucune liberté dans la feuillaison… Ils lancent, du moins le croient-ils, n'importe quelles paroles, lancent des tiges pour y suspendre encore des paroles : nos troncs, pensent-ils, sont là pour tout assumer. Ils s'efforcent à se cacher, à se confondre les uns dans les autres. Ils croient pouvoir dire tout, recouvrir entièrement le monde de paroles variées : ils ne disent que « les arbres ». Incapables même de retenir les oiseaux qui repartent d'eux, alors qu'ils se réjouissaient d'avoir produit de si étranges fleurs. Toujours la même feuille, toujours le même mode de dépliement, et la même limite, toujours des feuilles symétriques à elles-mêmes,

---

1. Étymologiquement, « dont on a enlevé la huppe » pour un oiseau, la touffe de plumes étant considérée comme le signe de son prestige.

symétriquement suspendues ! Tente encore une feuille !
— La même ! Encore une autre ! La même ! Rien en
somme ne saurait les arrêter que soudain cette
remarque : « L'on ne sort pas des arbres par des
moyens d'arbres. » Une nouvelle lassitude, et un nouveau retournement moral. « Laissons tout ça jaunir,
et tomber[1]. Vienne le taciturne état, le dépouillement, l'AUTOMNE. »

---

1. Zeugme syntaxique.

Le mollusque

Le mollusque est un *être* — *presque une* — *qualité*. Il n'a pas besoin de charpente mais seulement d'un rempart, quelque chose comme la couleur dans le tube.

La nature renonce ici à la présentation du plasma en forme. Elle montre seulement qu'elle y tient en l'abritant soigneusement, dans un écrin dont la face intérieure est la plus belle.

Ce n'est donc pas un simple crachat[1], mais une réalité des plus précieuses.

Le mollusque est doué d'une énergie puissante à se renfermer. Ce n'est à vrai dire qu'un muscle, un gond, un blount[2] et sa porte.

Le blount ayant sécrété la porte. Deux portes légèrement concaves constituent sa demeure entière.

Première et dernière demeure. Il y loge jusqu'après sa mort.

---

1. L'huître, qui appartient à la famille des mollusques, désigne en langage grossier un « crachat ».
2. Système mécanique qui permet de refermer automatiquement une porte.

Rien à faire pour l'en tirer vivant.

La moindre cellule du corps de l'homme tient ainsi, et avec cette force, à la parole, — et réciproquement.

Mais parfois un autre être vient violer ce tombeau, lorsqu'il est bien fait, et s'y fixer à la place du constructeur défunt.

C'est le cas du pagure[1].

---

1. Animal parasite autrement appelé « bernard-l'hermite ». Allusion probable aux surréalistes qui prirent l'animal comme emblème de la voix poétique surgissant lors des séances d'écriture automatique.

Escargots

Au contraire des escarbilles qui sont les hôtes des cendres chaudes, les escargots aiment la terre humide. *Go on*, ils avancent collés à elle de tout leur corps. Ils en emportent, ils en mangent, ils en excrémentent. Elle les traverse. Ils la traversent. C'est une interpénétration du meilleur goût parce que pour ainsi dire ton sur ton — avec un élément passif, un élément actif, le passif baignant à la fois et nourrissant l'actif — qui se déplace en même temps qu'il mange.

(Il y a autre chose à dire des escargots. D'abord leur propre humidité. Leur sang froid. Leur extensibilité.)

À remarquer d'ailleurs que l'on ne conçoit pas un escargot sorti de sa coquille et ne se mouvant pas. Dès qu'il repose, il rentre aussitôt au fond de lui-même. Au contraire sa pudeur l'oblige à se mouvoir dès qu'il montre sa nudité, qu'il livre sa forme vulnérable. Dès qu'il s'expose, il marche.

Pendant les époques sèches ils se retirent dans les fossés où il semble d'ailleurs que la présence de leur corps contribue à maintenir de l'humidité. Sans doute y voisinent-ils avec d'autres sortes de bêtes à sang froid, crapauds, grenouilles. Mais lorsqu'ils en sortent ce n'est pas du même pas. Ils ont plus de mérite à s'y rendre car beaucoup plus de peine à en sortir.

À noter d'ailleurs que s'ils aiment la terre humide, ils n'affectionnent pas les endroits où la proportion devient en faveur de l'eau. comme les marais, ou les étangs. Et certainement ils préfèrent la terre ferme, mais à condition qu'elle soit grasse et humide.

Ils sont friands aussi des légumes et des plantes aux feuilles vertes et chargées d'eau. Ils savent s'en nourrir en laissant seulement les nervures, et découpant le plus tendre. Ils sont par exemple les fléaux des salades.

Que sont-ils au fond des fosses ? Des êtres qui les affectionnent pour certaines de leurs qualités, mais qui ont l'intention d'en sortir. Ils en sont un élément constitutif mais vagabond. Et d'ailleurs là aussi bien qu'au plein jour des allées fermes leur coquille préserve leur quant-à-soi.

Certainement c'est parfois une gêne d'emporter partout avec soi cette coquille mais ils ne s'en plaignent pas et finalement ils en sont bien contents. Il est précieux, où que l'on se trouve, de pouvoir rentrer chez soi et défier les importuns. Cela valait bien la peine.

Ils bavent d'orgueil de cette faculté, de cette commodité. Comment se peut-il que je sois un être si sensible et si vulnérable, et à la fois si[1] à l'abri des assauts des importuns, si possédant son bonheur et sa tranquillité. D'où ce merveilleux port de tête.

À la fois si collé au sol, si touchant et si lent, si progressif et si capable de me décoller du sol pour

---

1. Construction vieillie de l'adverbe d'intensité.

rentrer en moi-même et alors après moi le déluge, un coup de pied petit me faire rouler n'importe où. Je suis bien sûr de me rétablir sur pied[1] et de recoller au sol où le sort m'aura relégué et d'y trouver ma pâture : la terre, le plus commun des aliments.

Quel bonheur, quelle joie donc d'être un escargot. Mais cette bave d'orgueil ils en imposent la marque à tout ce qu'ils touchent. Un sillage argenté les suit. Et peut-être les signale au bec des volatiles qui en sont friands. Voilà le hic[2], la question, être ou ne pas être (des vaniteux), le danger.

Seul, évidemment l'escargot est bien seul. Il n'a pas beaucoup d'amis. Mais il n'en a pas besoin pour son bonheur. Il colle si bien à la nature, il en jouit si parfaitement de si près, il est l'ami du sol qu'il baise de tout son corps, et des feuilles, et du ciel vers quoi il lève si fièrement la tête, avec ses globes d'yeux si sensibles ; noblesse, lenteur, sagesse, orgueil, vanité, fierté.

Et ne disons pas qu'il ressemble en ceci au pourceau, Non il n'a pas ces petits pieds mesquins, ce trottinement inquiet. Cette nécessité, cette honte de fuir tout d'une pièce. Plus de résistance, et plus de stoïcisme. Plus de méthode, plus de fierté et sans doute moins de goinfrerie, — moins de caprice ; laissant cette nourriture pour se jeter sur une autre, moins

---

1. L'expression renvoie ironiquement à la classe des gastéropodes, précisément caractérisés par le pied aplati qui leur sert à ramper sur le sol.

2. Le mot, d'usage familier, provient de l'expression latine *hic est quaestio* (« c'est là la question »). Rien d'étonnant donc à ce qu'apparaisse ensuite la formule célèbre d'Hamlet : « être ou ne pas être ».

d'affolement et de précipitation dans la goinfrerie, moins de peur de laisser perdre quelque chose.

Rien n'est beau comme cette façon d'avancer si lente et si sûre et si discrète, au prix de quels efforts ce glissement parfait dont ils honorent la terre ! Tout comme un long navire, au sillage argenté. Cette façon de procéder est majestueuse, surtout si l'on tient compte encore une fois de cette vulnérabilité, de ces globes d'yeux si sensibles.

La colère des escargots est-elle perceptible ? Y en a-t-il des exemples ? Comme elle est sans aucun geste, sans doute se manifeste-t-elle seulement par une sécrétion de bave plus floculente et plus rapide. Cette bave d'orgueil. L'on voit ici que l'expression de leur colère est la même que celle de leur orgueil. Ainsi se rassurent-ils et en imposent-ils au monde d'une façon plus riche, argentée.

L'expression de leur colère, comme de leur orgueil, devient brillante en séchant. Mais aussi elle constitue leur trace et les désigne au ravisseur (au prédateur). De plus elle est éphémère et ne dure que jusqu'à la prochaine pluie.

Ainsi en est-il de tous ceux qui s'expriment d'une façon entièrement subjective sans repentir, et par traces seulement, sans souci de construire et de former leur expression comme une demeure solide, à plusieurs dimensions. Plus durable qu'eux-mêmes.

Mais sans doute eux, n'éprouvent-ils pas ce besoin. Ce sont plutôt des héros, c'est-à-dire des êtres dont l'existence même est œuvre d'art, — que des artistes, c'est-à-dire des fabricants d'œuvres d'art.

Mais c'est ici que je touche à l'un des points principaux de leur leçon, qui d'ailleurs ne leur est pas particulière mais qu'ils possèdent en commun avec tous les êtres à coquilles : cette coquille, partie de leur être, est en même temps œuvre d'art, monument. Elle, demeure plus longtemps qu'eux.

Et voilà l'exemple qu'ils nous donnent. Saints, ils font œuvre d'art de leur vie, — œuvre d'art de leur perfectionnement. Leur sécrétion même se produit de telle manière qu'elle se met en forme. Rien d'extérieur à eux, à leur nécessité, à leur besoin n'est leur œuvre. Rien de disproportionné — d'autre part — à leur être physique. Rien qui ne lui soit nécessaire, obligatoire.

Ainsi tracent-ils aux hommes leur devoir. Les grandes pensées viennent du cœur. Perfectionne-toi moralement et tu feras de beaux vers. La morale et la rhétorique se rejoignent dans l'ambition et le désir du sage.

Mais saints en quoi : en obéissant précisément à leur nature. Connais-toi donc d'abord toi-même[1]. Et accepte-toi tel que tu es. En accord avec tes vices. En proportion avec ta mesure.

Mais quelle est la notion propre de l'homme : la parole et la morale. L'humanisme.

Paris, 21 mars 1936.

---

1. Référence à la formule célèbre de Socrate « Connais-toi toi-même ».

Le papillon

Lorsque le sucre élaboré dans les tiges surgit au fond des fleurs, comme des tasses mal lavées, — un grand effort se produit par terre d'où les papillons tout à coup prennent leur vol.

Mais comme chaque chenille eut la tête aveuglée et laissée noire, et le torse amaigri par la véritable explosion d'où les ailes symétriques flambèrent.

Dès lors le papillon erratique ne se pose plus qu'au hasard de sa course, ou tout comme.

Allumette volante, sa flamme n'est pas contagieuse. Et d'ailleurs, il arrive trop tard et ne peut que constater les fleurs écloses. N'importe : se conduisant en lampiste[1], il vérifie la provision d'huile de chacune. Il pose au sommet des fleurs la guenille atrophiée qu'il emporte et venge ainsi sa longue humiliation amorphe de chenille au pied des tiges.

Minuscule voilier des airs maltraité par le vent en pétale superfétatoire, il vagabonde au jardin.

---

1. Le mot renvoie à une personne chargée de l'entretien des lampes à huile, mais désigne, dans un sens figuré, un employé subalterne à qui l'on impute les fautes de ses supérieurs.

La mousse

Les patrouilles[1] de la végétation s'arrêtèrent jadis sur la stupéfaction[2] des rocs. Mille bâtonnets du velours de soie s'assirent alors en tailleur.

Dès lors, depuis l'apparente crispation de la mousse à même le roc avec ses licteurs[3], tout au monde pris dans un embarras inextricable et bouclé là-dessous, s'affole, trépigne, étouffe.

Bien plus, les poils ont poussé ; avec le temps tout s'est encore assombri.

Ô préoccupations à poils de plus en plus longs ! Les profonds tapis, en prière lorsqu'on s'assoit dessus, se relèvent aujourd'hui avec des aspirations confuses. Ainsi ont lieu non seulement des étouffements mais des noyades.

---

1. Étymologiquement, « patrouiller » signifie « patauger, aller sur un sol détrempé ».
2. Le sens premier du mot renvoie à un symptôme physique d'engourdissement qui entraîne l'immobilisation totale.
3. Allusion à la Rome antique. Les licteurs sont les gardes qui précédaient les hauts magistrats. Ils étaient munis d'une hache et d'un faisceau de verges, ici associées aux « mille bâtonnets du velours de soie » et aux « poils » de la mousse.

Or, scalper[1] tout simplement du vieux roc austère et solide ces terrains de tissu-éponge, ces paillassons humides, à saturation devient possible.

---

1. Ôter le cuir chevelu après incision.

Bords de mer

La mer jusqu'à l'approche de ses limites est une chose simple qui se répète flot par flot. Mais les choses les plus simples dans la nature ne s'abordent pas sans y mettre beaucoup de formes, faire beaucoup de façons[1], les choses les plus épaisses sans subir quelque amenuisement. C'est pourquoi l'homme, et par rancune aussi contre leur immensité qui l'assomme, se précipite aux bords ou à l'intersection des grandes choses pour les définir. Car la raison au sein de l'uniforme dangereusement ballotte et se raréfie : un esprit en mal de notions doit d'abord s'approvisionner d'apparences.

Tandis que l'air même tracassé soit par les variations de sa température ou par un tragique besoin d'influence et d'informations par lui-même sur chaque chose ne feuillette pourtant et corne que superficiellement le volumineux tome marin, l'autre élément plus stable qui nous supporte y plonge obliquement

---

1. Jeu de mots sur « façons » qui renvoie dans l'expression ici employée à des « manières affectées », mais aussi au travail de l'artiste qui transforme la matière.

jusqu'à leur garde rocheuse de larges couteaux ter-
reux qui séjournent dans l'épaisseur. Parfois à la
rencontre d'un muscle énergique une lame ressort
peu à peu : c'est ce qu'on appelle une plage.

Dépaysée à l'air libre, mais repoussée par les profondeurs quoique jusqu'à un certain point familiarisée
avec elles, cette portion de l'étendue s'allonge entre
les deux plus ou moins fauve et stérile, et ne supporte
ordinairement qu'un trésor de débris inlassablement
polis et ramassés par le destructeur.

Un concert élémentaire, par sa discrétion plus
délicieux et sujet à réflexion, est accordé là depuis
l'éternité pour personne : depuis sa formation par
l'opération sur une platitude sans bornes de l'esprit
d'insistance qui souffle parfois des cieux, le flot venu
de loin sans heurts et sans reproche enfin pour la
première fois trouve à qui parier. Mais une seule et
brève parole est confiée aux cailloux et aux coquillages,
qui s'en montrent assez remués, et il expire en la
proférant ; et tous ceux qui le suivent expireront
aussi en proférant la pareille, parfois par temps à peine
un peu plus fort clamée. Chacun par-dessus l'autre
parvenu à l'orchestre se hausse un peu le col, se
découvre, et se nomme à qui il fut adressé. Mille
homonymes seigneurs ainsi sont admis le même jour
à la présentation par la mer prolixe et prolifique en
offres labiales à chacun de ses bords.

Aussi bien sur votre forum, ô galets, n'est-ce pas,
pour une harangue grossière, quelque paysan du Danube [1]

---

1. Allusion à une fable de La Fontaine, *Le Paysan du Danube*,
dans laquelle un Germain aux mœurs supposées grossières donne

qui vient se faire entendre : mais le Danube lui-même, mêlé à tous les autres fleuves du monde après avoir perdu leur sens et leur prétention, et profondément réservés dans une désillusion amère seulement au goût de qui aurait à conscience d'en apprécier par absorption la qualité la plus secrète, la saveur.

C'est en effet, après l'anarchie des fleuves, à leur relâchement dans le profond et copieusement habité lieu commun de la matière liquide, que l'on a donné le nom de mer. Voilà pourquoi à ses propres bords celle-ci semblera toujours absente : profitant de l'éloignement réciproque qui leur interdit de communiquer entre eux sinon à travers elle ou par de grands détours, elle laisse sans doute croire à chacun d'eux qu'elle se dirige spécialement vers lui. En réalité, polie avec tout le monde, et plus que polie : capable pour chacun d'eux de tous les emportements, de toutes les convictions successives, elle garde au fond de sa cuvette à demeure son infinie possession de courants. Elle ne sort jamais de ses bornes qu'un peu, met *elle-même* un frein à la fureur de ses flots, et comme la méduse qu'elle abandonne aux pêcheurs pour image réduite ou échantillon d'elle-même, fait seulement une révérence extatique par tous ses bords.

Ainsi en est-il de l'antique robe de Neptune, cet amoncellement pseudo-organique de voiles sur les trois quarts du monde uniment répandus. Ni par l'aveugle poignard des roches, ni par la plus creusante tempête tournant des paquets de feuilles à la fois, ni

---

une leçon d'éloquence aux Romains. Ponge prend donc ici certaines libertés avec son modèle.

par l'œil attentif de l'homme employé avec peine et d'ailleurs sans contrôle dans un milieu interdit aux orifices débouchés des autres sens et qu'un bras plongé pour saisir trouble plus encore, ce livre au fond n'a été lu.

De l'eau

Plus bas que moi, toujours plus bas que moi se trouve l'eau. C'est toujours les yeux baissés que je la regarde. Comme le sol, comme une partie du sol, comme une modification du sol.

Elle est blanche et brillante, informe et fraîche, passive et obstinée dans son seul vice: la pesanteur; disposant de moyens exceptionnels pour satisfaire ce vice: contournant, transperçant, érodant, filtrant.

À l'intérieur d'elle-même ce vice aussi joue: elle s'effondre sans cesse, renonce à chaque instant à toute forme, ne tend qu'à s'humilier[1], se couche à plat ventre sur le sol, quasi cadavre, comme les moines de certains ordres. Toujours plus bas: telle semble être sa devise: le contraire d'excelsior[2].

★

---

1. « Humilier » provient de l'adjectif « humble » (*humilis*, en latin) qui signifie « bas, près de la terre ».
2. Le *fraxinus excelsior* est une variété d'arbre, le frêne élevé.

On pourrait presque dire que l'eau est folle, à cause de cet hystérique besoin de n'obéir qu'à sa pesanteur, qui la possède comme une idée fixe.

Certes, tout au monde connaît ce besoin, qui toujours et en tous lieux doit être satisfait. Cette armoire, par exemple, se montre fort têtue dans son désir d'adhérer au sol, et si elle se trouve un jour en équilibre instable, elle préférera s'abîmer[1] plutôt que d'y contrevenir. Mais enfin, dans une certaine mesure, elle joue avec la pesanteur, elle la défie : elle ne s'effondre pas dans toutes ses parties, sa corniche, ses moulures ne s'y conforment pas. Il existe en elle une résistance au profit de sa personnalité et de sa forme.

LIQUIDE est par définition ce qui préfère obéir à la pesanteur, plutôt que maintenir sa forme, ce qui refuse toute forme pour obéir à sa pesanteur. Et qui perd toute tenue à cause de cette idée fixe, de ce scrupule maladif. De ce vice, qui le rend rapide, précipité ou stagnant ; amorphe ou féroce, amorphe *et* féroce, féroce térébrant, par exemple ; rusé, filtrant, contournant ; si bien que l'on peut faire de lui ce que l'on veut, et conduire l'eau dans des tuyaux pour la faire ensuite jaillir verticalement afin de jouir enfin de sa façon de s'abîmer en pluie : une véritable esclave.

… Cependant le soleil et la lune sont jaloux de cette influence exclusive, et ils essayent de s'exercer sur elle lorsqu'elle se trouve offrir la prise de grandes étendues, surtout si elle y est en état de moindre

---

1. À la fois « se précipiter dans un gouffre, un abîme » et « se gâter, se corrompre », nouvelle superposition d'un sens physique et d'un sens moral.

résistance, dispersée en flaques minces. Le soleil alors prélève un plus grand tribut. Il la force à un cyclisme perpétuel, il la traite comme un écureuil dans sa roue.

L'eau m'échappe... me file entre les doigts. Et encore! Ce n'est même pas si net (qu'un lézard ou une grenouille) : il m'en reste aux mains des traces, des taches, relativement longues à sécher ou qu'il faut essuyer. Elle m'échappe et cependant me marque, sans que j'y puisse grand-chose.

Idéologiquement c'est la même chose : elle m'échappe, échappe à toute définition, mais laisse dans mon esprit et sur ce papier des traces, des taches informes.

Inquiétude de l'eau : sensible au moindre changement de la déclivité. Sautant les escaliers les deux pieds à la fois. Joueuse, puérile d'obéissance, revenant tout de suite lorsqu'on la rappelle en changeant la pente de ce côté-ci.

Le morceau de viande

Chaque morceau de viande est une sorte d'usine, moulins et pressoirs à sang.

Tubulures, hauts fourneaux, cuves y voisinent avec les marteaux-pilons, les coussins de graisse.

La vapeur y jaillit, bouillante. Des feux sombres ou clairs rougeoient.

Des ruisseaux à ciel ouvert charrient des scories avec le fiel.

Et tout cela refroidit lentement à la nuit, à la mort.

Aussitôt, sinon la rouille, du moins d'autres réactions chimiques se produisent, qui dégagent des odeurs pestilentielles.

Le gymnaste

Comme son G l'indique le gymnaste porte le bouc et la moustache que rejoint presque une grosse mèche en accroche-cœur sur un front bas.

Moulé dans un maillot qui fait deux plis sur l'aine il porte aussi, comme son Y, la queue à gauche.

Tous les cœurs il dévaste mais se doit d'être chaste et son juron est BASTE !

Plus rose que nature et moins adroit qu'un singe il bondit aux agrès saisi d'un zèle pur. Puis du chef de son corps pris dans la corde à nœuds il interroge l'air comme un ver de sa motte.

Pour finir il choit parfois des cintres[1] comme une chenille, mais rebondit sur pieds, et c'est alors le parangon adulé[2] de la bêtise humaine qui vous salue.

---

1. Partie du décor au-dessus de la scène dans un théâtre.
2. Le verbe « aduler » a le même sens que « flatter » et s'emploie au départ pour qualifier les caresse que l'on donne aux animaux. L'animalité est donc omniprésente dans le poème.

La jeune mère[1]

Quelques jours après les couches la beauté de la femme se transforme.

Le visage souvent penché sur la poitrine s'allonge un peu. Les yeux attentivement baissés sur un objet proche, s'ils se relèvent parfois paraissent un peu égarés. Ils montrent un regard empli de confiance, mais en sollicitant la continuité. Les bras et les mains s'incurvent et se renforcent. Les jambes qui ont beaucoup maigri et se sont affaiblies sont volontiers assises, les genoux très remontés. Le ventre ballonné, livide, encore très sensible ; le bas-ventre s'accommode du repos, de la nuit des draps.

... Mais bientôt sur pied, tout ce grand corps évolue à l'étroit parmi le pavois utile à toutes hauteurs des carrés blancs du linge, que parfois de sa main libre il saisit, froisse, tâte avec sagacité, pour les retendre ou les plier ensuite selon les résultats de cet examen.

---

1. Texte écrit à l'occasion de la naissance de sa fille Armande.

R. C. Seine n°[1]

C'est par un escalier de bois jamais ciré depuis trente ans, dans la poussière des mégots jetés à la porte, au milieu d'un peloton de petits employés à la fois mesquins et sauvages, en chapeau melon, leur valise à soupe à la main, que deux fois par jour commence notre asphyxie.

Un jour réticent[2] règne à l'intérieur de ce colimaçon délabré, où flotte en suspension la râpure du bois beige. Au bruit des souliers hissés par la fatigue d'une marche à l'autre, selon un axe crasseux, nous approchons à une allure de grains de café de l'engrenage broyeur.

Chacun croit qu'il se meut à l'état libre, parce qu'une oppression extrêmement simple l'oblige, qui ne diffère pas beaucoup de la pesanteur : du fond des cieux la main de la misère tourne le moulin.

★

---

1. Le titre renvoie au papier à en-tête de l'entreprise où travailla Francis Ponge dans les années 1930.
2. Étymologiquement, « d'un silence obstiné ».

L'issue, à la vérité, n'est pas pour notre forme si dangereuse. Cette porte qu'il faut passer n'a qu'un seul gond de chair de la grandeur d'un homme, le surveillant qui l'obstrue à moitié : plutôt que d'un engrenage, il s'agit ici d'un sphincter. Chacun en est aussitôt expulsé, honteusement sain et sauf, fort déprimé pourtant, par des boyaux lubrifiés à la cire, au fly-tox, à la lumière électrique. Brusquement séparés par de longs intervalles, l'on se trouve alors, dans une atmosphère entêtante d'hôpital à durée de cure indéfinie pour l'entretien des bourses plates[1], filant à toute vitesse à travers une sorte de monastère-patinoire dont les nombreux canaux se coupent à angles droits, — où l'uniforme est le veston râpé.

★

Bientôt après, dans chaque service, avec un bruit terrible, les armoires à rideaux de fer s'ouvrent, — d'où les dossiers, comme d'affreux oiseaux-fossiles familiers, dénichés de leurs strates, descendent lourdement se poser sur les tables où ils s'ébrouent. Une étude macabre commence. Ô analphabétisme commercial, au bruit des machines sacrées c'est alors la longue, la sempiternelle célébration de ton culte qu'il faut servir.

Tout s'inscrit à mesure sur des imprimés à plusieurs doubles, où la parole reproduite en mauves de plus en plus pâles finirait sans doute par se dissoudre dans

---

1. « Avoir la bourse plate » signifie « être sans argent ».

le dédain et l'ennui même du papier, n'étaient les échéanciers, ces forteresses de carton bleu très solide, troués au centre d'une lucarne ronde afin qu'aucune feuille insérée ne s'y dissimule dans l'oubli.

Deux ou trois fois par jour, au milieu de ce culte, le courrier multicolore, radieux et bête comme un oiseau des îles, tout frais émoulu des enveloppes marquées de noir par le baiser de la poste, vient tout de go se poser devant moi.

Chaque feuille étrangère est alors adoptée, confiée à une petite colombe de chez nous, qui la guide à des destinations successives jusqu'à son classement.

Certains bijoux servent à ces attelages momentanés : coins dorés, attaches parisiennes, trombones attendent dans des sébiles[1] leur utilisation.

Peu à peu cependant, tandis que l'heure tourne, le flot monte dans les corbeilles à papier. Lorsqu'il va déborder, il est midi : une sonnerie stridente invite à disparaître instantanément de ces lieux. Reconnaissons que personne ne se le fait dire deux fois. Une course éperdue se dispute dans les escaliers, où les deux sexes autorisés à se confondre dans la fuite alors qu'ils ne l'étaient pas pour l'entrée, se choquent et se bousculent à qui mieux mieux.

C'est alors que les chefs de service prennent vraiment conscience de leur supériorité : *Turba ruit ou*

---

1. Petites coupes en bois.

ruunt[1]; eux, à une allure de prêtres, laissant passer le galop des moines et moinillons de tous ordres, visitent lentement leur domaine, entouré par privilège de vitrages dépolis, dans un décor où les vertus embaumantes sont la morgue, le mauvais goût et la délation, — et parvenant à leur vestiaire, où il n'est pas rare que se trouvent des gants, une canne, une écharpe de soie, ils se défroquent tout à coup de leur grimace caractéristique et se transforment en véritables hommes du monde.

___

1. Phrase latine à usage pédagogique qui signifie « la foule (ou les gens) se précipite(nt) », tirée d'une grammaire célèbre du xixᵉ siècle.

Le Restaurant Lemeunier
rue de la Chaussée
d'Antin

Rien de plus émouvant que le spectacle que donne, dans cet immense Restaurant Lemeunier, rue de la Chaussée d'Antin, la foule des employés et des vendeuses qui y déjeunent à midi.

La lumière et la musique y sont dispensées avec une prodigalité qui fait rêver. Des glaces biseautées, des dorures partout. L'on y entre à travers des plantes vertes par un passage plus sombre aux parois duquel quelques dîneurs déjà à l'étroit sont installés, et qui débouche dans une salle aux proportions énormes, à plusieurs balcons de pitchpin formant un seul étage en *huit*, où vous accueillent à la fois des bouffées d'odeurs tièdes, le tapage des fourchettes et des assiettes choquées, les appels des serveuses et le bruit des conversations.

C'est une grande composition digne du Véronèse pour l'ambition et le volume, mais qu'il faudrait peindre tout entière dans l'esprit du fameux *Bar* de Manet.

Les personnages dominants y sont sans contredit d'abord le groupe des musiciens au nœud du huit, puis les caissières assises en surélévation derrière leurs banques, d'où leurs corsages clairs et obligatoirement gonflés tout entiers émergent, enfin de pitoyables caricatures de maîtres d'hôtel circulant avec une relative lenteur, mais obligés parfois à mettre la main à la pâte avec la même précipitation que les serveuses, non par l'impatience des dîneurs (peu habitués à l'exigence) mais par la fébrilité d'un zèle professionnel aiguillonné par le sentiment de l'incertitude des situations dans l'état actuel de l'offre et de la demande sur le marché du travail.

Ô monde des fadeurs et des fadaises[1], tu atteins ici à ta perfection ! Toute une jeunesse inconsciente y singe quotidiennement cette frivolité tapageuse que les bourgeois se permettent huit ou dix fois par an, quand le père banquier ou la mère kleptomane ont réalisé quelque bénéfice supplémentaire vraiment inattendu, et veulent comme il faut étonner leurs voisins.

Cérémonieusement attifés, comme leurs parents à la campagne ne se montrent que le dimanche, les jeunes employés et leurs compagnes s'y plongent avec délices, en toute bonne foi chaque jour. Chacun tient à son assiette comme le bernard-l'hermite à sa coquille, tandis que le flot copieux de quelque valse viennoise dont la rumeur domine le cliquetis des valves de faïence, remue les estomacs et les cœurs.

Comme dans une grotte merveilleuse, je les vois tous parler et rire mais ne les entends pas. Jeune

---

1. Malgré leur proximité phonétique, les mots « fadeur » et « fadaises » n'ont aucun rapport du point de vue de l'étymologie.

vendeur, c'est ici, au milieu de la foule de tes semblables, que tu dois parler à ta camarade et découvrir
ton propre cœur. Ô confidence, c'est ici que tu seras
échangée !

Des entremets à plusieurs étages crémeux har-
diment superposés, servis dans des cupules[1] d'un
métal mystérieux, hautes de pied mais rapidement
lavées et malheureusement toujours tièdes, permettent aux consommateurs qui choisirent qu'on les
disposât devant eux, de manifester mieux que par
d'autres signes les sentiments profonds qui les ani-
ment. Chez l'un, c'est l'enthousiasme que lui procure
la présence à ses côtés d'une dactylo magnifiquement
ondulée, pour laquelle il n'hésiterait pas à com-
mettre mille autres coûteuses folies du même genre ;
chez l'autre, c'est le souci d'étaler une frugalité de
bon ton (il n'a pris auparavant qu'un léger hors-
d'œuvre) conjuguée avec un goût prometteur des
friandises ; chez quelques-uns c'est ainsi que se montre
un dégoût aristocratique de tout ce qui dans ce
monde ne participe pas tant soit peu de la féerie ;
d'autres enfin, par la façon dont ils dégustent, révè-
lent une âme noble et blasée, et une grande habitude
et satiété du luxe.

Par milliers cependant les miettes blondes et de
grandes imprégnations roses sont en même temps
apparues sur le linge épars ou tendu.

Un peu plus tard, les briquets se saisissent du
premier rôle ; selon le dispositif qui actionne la molette
ou la façon dont ils sont maniés. Tandis qu'élevant les

---

1. Petites coupes.

bras dans un mouvement qui découvre à leurs aisselles leur façon personnelle d'arborer les cocardes de la transpiration, les femmes se recoiffent ou jouent du tube de fard.

C'est l'heure où, dans un brouhaha recrudescent de chaises repoussées, de torchons claquants, de croûtons écrasés, va s'accomplir le dernier rite de la singulière cérémonie. Successivement, de chacun de leurs hôtes, les serveuses, dont un carnet habite la poche et les cheveux un petit crayon, rapprochent leurs ventres serrés d'une façon si touchante par les cordons du tablier : elles se livrent de mémoire à une rapide estimation. C'est alors que la vanité est punie et la modestie récompensée. Pièces et billets bleus s'échangent sur les tables : il semble que chacun retire son épingle du jeu.

Fomenté cependant par les filles de salle au cours des derniers services du repas du soir, peu à peu se propage et à huis clos s'achève un soulèvement[1] général du mobilier, à la faveur duquel les besognes humides du nettoyage sont aussitôt entreprises et sans embarras terminées.

C'est alors seulement que les travailleuses, une à une soupesant quelques sous qui tintent au fond de leur poche, avec la pensée qui regonfle dans leur cœur de quelque enfant en nourrice à la campagne ou en garde chez des voisins, abandonnent avec indifférence ces lieux éteints, tandis que du trottoir d'en face l'homme qui les attend n'aperçoit plus

---

1. Ponge joue ici sur le sens concret du mot tout en suggérant une possible révolte des objets.

qu'une vaste ménagerie[1] de chaises et de tables, l'oreille haute, les unes par-dessus les autres dressées à contempler avec hébétude et passion la rue déserte.

---

1. Lieu où sont rassemblés des animaux rares. L'étymologie commune de « ménage » et « ménagerie » permet donc de transfigurer les travaux de nettoyage en véritable animalerie.

Notes pour un coquillage

Un coquillage est une petite chose, mais je peux la démesurer en la replaçant où je la trouve, posée sur l'étendue du sable. Car alors je prendrai une poignée de sable et j'observerai le peu qui me reste dans la main après que par les interstices de mes doigts presque toute la poignée aura filé, j'observerai quelques grains, puis chaque grain, et aucun de ces grains de sable à ce moment ne m'apparaîtra plus une petite chose, et bientôt le coquillage formel, cette coquille d'huître ou cette tiare[1] bâtarde, ou ce «couteau», m'impressionnera comme un énorme monument, en même temps colossal et précieux, quelque chose comme le temple d'Angkor, Saint-Maclou, ou les Pyramides, avec une signification beaucoup plus étrange que ces trop incontestables produits d'hommes.

Si alors il me vient à l'esprit que ce coquillage, qu'une lame de la mer peut sans doute recouvrir, est habité par une bête, si j'ajoute une bête à ce coquillage en l'imaginant replacé sous quelques centimètres d'eau, je vous laisse à penser de combien s'accroîtra,

---

1. Coquille en forme de volute.

s'intensifiera de nouveau mon impression, et deviendra différente de celle que peut produire le plus remarquable des monuments que j'évoquais tout à l'heure !

Les monuments de l'homme ressemblent aux morceaux de son squelette ou de n'importe quel squelette, à de grands os décharnés : ils n'évoquent aucun habitant à leur taille. Les cathédrales les plus énormes ne laissent sortir qu'une foule informe de fourmis, et même la villa, le château le plus somptueux faits pour un seul homme sont encore plutôt comparables à une ruche ou à une fourmilière à compartiments nombreux, qu'à un coquillage. Quand le seigneur sort de sa demeure il fait certes moins d'impression que lorsque le bernard-l'hermite laisse apercevoir sa monstrueuse pince à l'embouchure du superbe cornet qui l'héberge.

Je puis me plaire à considérer Rome, ou Nîmes, comme le squelette épars, ici le tibia, là le crâne d'une ancienne ville vivante, d'un ancien vivant, mais alors il me faut imaginer un énorme colosse en chair et en os, qui ne correspond vraiment à rien de ce qu'on peut raisonnablement inférer de ce qu'on nous a appris, même à la faveur d'expressions au singulier, comme le Peuple Romain, ou la Foule Provençale.

Que j'aimerais qu'un jour l'on me fasse entrevoir qu'un tel colosse a réellement existé, qu'on nourrisse en quelque sorte la vision très fantomatique et uniquement abstraite sans aucune conviction que je m'en forme ! Qu'on me fasse toucher ses joues, la forme de son bras et comment il le posait le long de son corps.

Nous avons tout cela avec le coquillage : nous sommes avec lui en pleine chair, nous ne quittons pas la nature : le mollusque ou le crustacé sont là présents. D'où, une sorte d'inquiétude[1] qui décuple notre plaisir.

★

Je ne sais pourquoi je souhaiterais que l'homme, au lieu de ces énormes monuments qui ne témoignent que de la disproportion grotesque de son imagination et de son corps (ou alors de ses ignobles mœurs sociales, compagniales), au lieu encore de ces statues à son échelle ou légèrement plus grandes (je pense au David de Michel-Ange) qui n'en sont que de simples représentations, sculpte des espèces de niches, de coquilles à sa taille, des choses très différentes de sa forme de mollusque mais cependant y[2] proportion-nées (les cahutes nègres me satisfont assez de ce point de vue), que l'homme mette son soin à se créer aux générations une demeure pas beaucoup plus grosse que son corps, que toutes ses imaginations, ses raisons soient là comprises, qu'il emploie son génie à l'ajustement, non à la disproportion, — ou, tout au moins, que le génie se reconnaisse les bornes du corps qui le supporte.

1. Le mot peut désigner, outre l'agitation de l'esprit, le sens critique et la volonté de ne pas se satisfaire des apparences.
2. Construction rare du pronom « y » : « proportionnées » à « sa forme de mollusque ».

Et je n'admire même pas ceux comme Pharaon qui font exécuter par une multitude des monuments pour un seul : j'aurais voulu qu'il employât cette multitude à une œuvre pas plus grosse ou pas beaucoup plus grosse que son propre corps, — ou — ce qui aurait été plus méritoire encore, qu'il témoignât de sa supériorité sur les autres hommes par le caractère de son œuvre propre.

De ce point de vue j'admire surtout certains écrivains ou musiciens mesurés, Bach, Rameau, Malherbe, Horace, Mallarmé —, les écrivains par-dessus tous les autres parce que leur monument est fait de la véritable sécrétion commune du mollusque homme, de la chose la plus proportionnée et conditionnée à son corps, et cependant la plus différente de sa forme que l'on puisse concevoir : je veux dire la PAROLE.

Ô Louvre de lecture, qui pourra être habité, après la fin de la race peut-être par d'autres hôtes, quelques singes par exemple, ou quelque oiseau, ou quelque être supérieur, comme le crustacé se substitue au mollusque dans la tiare bâtarde.

Et puis, après la fin de tout le règne animal, l'air et le sable en petits grains lentement y pénètrent, cependant que sur le sol il luit encore et s'érode, et va brillamment se désagréger, ô stérile, immatérielle poussière, ô brillant résidu, quoique sans fin brassé et trituré entre les laminoirs aériens et marins, ENFIN ! *l'on* n'est plus là et ne peut rien reformer du sable, même pas du verre, et C'EST FINI !

Les trois boutiques

Près de la place Maubert, à l'endroit où chaque matin de bonne heure j'attends l'autobus, trois boutiques voisinent: Bijouterie, Bois et Charbons, Boucherie. Les contemplant tour à tour, j'observe les comportements différents à mes yeux du métal, de la pierre précieuse, du charbon, de la bûche, du morceau de viande.

Ne nous arrêtons pas trop aux métaux, qui sont seulement la suite d'une action violente ou divisante de l'homme sur des boues ou certains agglomérés qui par eux-mêmes n'eurent jamais de pareilles intentions; ni aux pierres précieuses, dont la rareté justement doit faire qu'on ne leur accorde que peu de mots très choisis dans un discours sur la nature équitablement composé.

Quant à la viande[1], un tremblement à sa vue, une espèce d'horreur ou de sympathie m'oblige à la plus grande discrétion. Fraîchement coupée, d'ailleurs, un voile de vapeur ou de fumée *sui generis* la dérobe aux

---

1. La description du morceau de viande rappelle le célèbre tableau de Rembrandt, *Le Bœuf écorché*.

yeux même qui voudraient faire preuve à proprement parler de cynisme[1] : j'aurai dit tout ce que je peux dire lorsque j'aurai attiré l'attention, une minute, sur son aspect *pantelant*.

Mais la contemplation du bois et du charbon est une source de joies aussi faciles que sobres et sûres, que je serais content de faire partager. Sans doute y faudrait-il plusieurs pages, quand je ne dispose ici que de la moitié d'une. C'est pourquoi je me borne à vous proposer ce sujet de méditations : « 1° LE TEMPS OCCUPÉ EN VECTEURS SE VENGE TOUJOURS, PAR LA MORT. — 2° BRUN, PARCE QUE LE BRUN EST ENTRE LE VERT ET LE NOIR SUR LE CHEMIN DE LA CARBONISATION, LE DESTIN DU BOIS COMPORTE ENCORE — QUOIQU'AU MINIMUM — UNE GESTE[2], C'EST-À-DIRE L'ERREUR, LE FAUX PAS, ET TOUS LES MALENTENDUS POSSIBLES. »

1. Étymologiquement, «attitude propre aux chiens».
2. Épopée.

Faune et flore

La faune bouge, tandis que la flore se déplie à l'œil.

Toute une sorte d'êtres animés est directement assumée par le sol.

Ils ont au monde leur place assurée, ainsi qu'à l'ancienneté leur décoration.

Différents en ceci de leurs frères vagabonds, ils ne sont pas surajoutés au monde, importuns au sol. Ils n'errent pas à la recherche d'un endroit pour leur mort, si la terre comme des autres absorbe soigneusement leurs restes.

Chez eux, pas de soucis alimentaires ou domiciliaires, pas d'entre-dévoration : pas de terreurs, de courses folles, de cruautés, de plaintes, de cris, de paroles. Ils ne sont pas les corps seconds de l'agitation, de la fièvre et du meurtre.

Dès leur apparition au jour, ils ont pignon sur rue, ou sur route. Sans aucun souci de leurs voisins, ils ne rentrent pas les uns dans les autres par voie d'absorption. Ils ne sortent pas les uns des autres par gestation.

Ils meurent par dessication[1] et chute au sol, ou plutôt affaissement sur place, rarement par corruption. Aucun endroit de leur corps particulièrement sensible, au point que percé il cause la mort de toute la personne. Mais une sensibilité relativement plus chatouilleuse au climat, aux conditions d'existence.

Ils ne sont pas... Ils ne sont pas...
Leur enfer est d'une autre sorte.

Ils n'ont pas de voix. Ils sont à peu de chose près paralytiques. Ils ne peuvent attirer l'attention que par leurs poses. Ils n'ont pas l'air de connaître les douleurs de la non-justification. Mais ils ne pourraient en aucune façon échapper par la fuite à cette hantise, ou croire y échapper, dans la griserie de la vitesse. Il n'y a pas d'autre mouvement en eux que l'extension. Aucun geste, aucune pensée, peut-être aucun désir, aucune intention, qui n'aboutisse à un monstrueux accroissement de leur corps, à une irrémédiable *excroissance*.

Ou plutôt, et c'est bien pire, rien de monstrueux par malheur : malgré tous leurs efforts pour « s'exprimer », ils ne parviennent jamais qu'à répéter un million de fois la même expression, la même feuille. Au printemps, lorsque, las de se contraindre et n'y tenant plus, ils laissent échapper un flot, un vomissement de vert, et croient entonner un cantique varié, sortir d'eux-mêmes, s'étendre à toute la nature, l'em-

---

1. Terme savant employé en chimie, synonyme de déshydratation.

brasser, ils ne réussissent encore que, à des milliers d'exemplaires, la même note, le même mot, la même feuille.

L'on ne peut sortir de l'arbre par des moyens d'arbre.

★

« Ils ne s'expriment que par leurs poses. »

Pas de gestes, ils multiplient seulement leurs bras, leurs mains, leurs doigts, — à la façon des bouddhas. C'est ainsi qu'oisifs, ils vont jusqu'au bout de leurs pensées. Ils ne sont qu'une volonté d'expression. Ils n'ont rien de caché pour eux-mêmes, ils ne peuvent garder aucune idée secrète, ils se déploient entièrement, honnêtement, sans restriction.

Oisifs, ils passent leur temps à compliquer leur propre forme, à parfaire dans le sens de la plus grande complication d'analyse[1] leur propre corps. Où qu'ils naissent, si cachés qu'ils soient, ils ne s'occupent qu'à accomplir leur expression : ils se préparent, ils s'ornent, ils attendent qu'on vienne les lire.

Ils n'ont à leur disposition pour attirer l'attention sur eux que leurs poses, que des lignes, et parfois un signal exceptionnel, un extraordinaire appel aux yeux et à l'odorat sous forme d'ampoules ou de bombes lumineuses et parfumées, qu'on appelle leurs fleurs, et qui sont sans doute des plaies.

---

1. Au sens à la fois intellectuel et chimique, l'« analyse » renvoyant dans les deux cas à l'idée de décomposition. Voir n. 1, p. 71.

Cette modification de la sempiternelle feuille signifie certainement quelque chose.

Le temps des végétaux : ils semblent toujours figés,
immobiles. On tourne le dos pendant quelques jours,
une semaine, leur pose s'est encore précisée, leurs
membres multipliés. Leur identité ne fait pas de doute,
mais leur forme s'est de mieux en mieux réalisée.

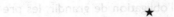

La beauté des fleurs qui fanent : les pétales se tordent comme sous l'action du feu : c'est bien cela
d'ailleurs : une déshydratation. Se tordent pour laisser
apercevoir les graines à qui ils décident de donner
leur chance, le champ libre.

C'est alors que la nature se présente face à la fleur,
la force à s'ouvrir, à s'écarter : elle se crispe, se tord,
elle recule, et laisse triompher la graine qui sort d'elle
qui l'avait préparée.

Le temps des végétaux se résout à leur espace, à
l'espace qu'ils occupent peu à peu, remplissant un
canevas sans doute à jamais déterminé. Lorsque c'est
fini, alors la lassitude les prend, et c'est le drame
d'une certaine saison.

Comme le développement de cristaux : une volonté

de formation, et une impossibilité de se former autrement que *d'une manière*.

★

Parmi les êtres animés on peut distinguer ceux dans lesquels, outre le mouvement qui les fait grandir, agit une force par laquelle ils peuvent remuer tout ou partie de leur corps, et se déplacer à leur manière par le monde, — et ceux dans lesquels il n'y a pas d'autre mouvement que l'extension.

Une fois libérés de l'obligation de grandir, les premiers *s'expriment* de plusieurs façons, à propos de mille soucis de logement, de nourriture, de défense, de certains jeux enfin lorsqu'un certain repos leur est accordé.

Les seconds, qui ne connaissent pas ces besoins pressants, l'on ne peut affirmer qu'ils n'aient pas d'autres intentions ou volonté que de s'accroître mais en tout cas toute volonté d'expression de leur part est impuissante, sinon à développer leur corps, comme si chacun de nos désirs nous coûtait l'obligation désormais de nourrir et de supporter un membre supplémentaire. Infernale multiplication de substance à l'occasion de chaque idée ! Chaque désir de fuite m'alourdit d'un nouveau chaînon !

★

Le végétal est une analyse en acte, une dialectique originale dans l'espace. Progression par division de l'acte précédent. L'expression des animaux est orale, ou mimée par gestes qui s'effacent les uns les autres. L'expression des végétaux est écrite, une fois pour toutes. Pas moyen d'y revenir, repentirs impossibles : pour se corriger, il faut ajouter. Corriger un texte écrit, et *paru*, par des appendices, et ainsi de suite. Mais, il faut ajouter qu'ils ne se divisent pas à l'infini. Il existe à chacun une borne.

Chacun de leurs gestes laisse non pas seulement une trace comme il en est de l'homme et de ses écrits, il laisse une présence, une naissance[1] irrémédiable, *et non détachée d'eux*.

★

Leurs poses, ou « tableaux-vivants » :

muettes instances, supplications, calme fort, triomphes.

★

L'on dit que les infirmes, les amputés voient leurs facultés se développer prodigieusement : ainsi des végétaux : leur immobilité fait leur perfection, leur fouillé[2], leurs belles décorations, leurs riches fruits.

★

---

1. L'idée de naissance renvoie implicitement à l'étymologie du mot « nature », issu du verbe « naître ».

2. Terme employé en sculpture et en peinture désignant la manière dont une œuvre plastique joue avec le relief et l'effet de profondeur.

Aucun geste de leur action n'a d'effet en dehors d'eux-mêmes.

★

La variété infinie des sentiments que fait naître le désir dans l'immobilité a donné lieu à l'infinie diversité de leurs formes.

★

Un ensemble de lois compliquées à l'extrême, c'est-à-dire le plus parfait hasard, préside à la naissance, et au placement des végétaux sur la surface du globe.

La loi des *indéterminés déterminants*.

★

Les végétaux la nuit.

L'exhalaison de l'acide carbonique par la fonction chlorophyllienne, comme un soupir de satisfaction qui durerait des heures, comme lorsque la plus basse corde des instruments à cordes, le plus relâchée possible, vibre à la limite de la musique, du son pur, et du silence.

★

BIEN QUE L'ÊTRE VÉGÉTAL VEUILLE ÊTRE DÉFINI PLUTÔT PAR SES CONTOURS ET PAR SES FORMES, J'HONORERAI D'ABORD EN LUI UNE VERTU DE SA SUBSTANCE : CELLE DE POUVOIR ACCOMPLIR SA

SYNTHÈSE[1] AUX DÉPENS SEULS DU MILIEU INORGANIQUE QUI L'EN-
VIRONNE. TOUT LE MONDE AUTOUR DE LUI N'EST QU'UNE MINE OÙ
LE PRÉCIEUX FILON VERT PUISE DE QUOI ÉLABORER CONTINÛMENT
SON PROTOPLASME[2], DANS L'AIR PAR LA FONCTION CHLOROPHYL-
LIENNE DE SES FEUILLES, DANS LE SOL PAR LA FACULTÉ ABSORBANTE
DE SES RACINES QUI ASSIMILENT LES SELS MINÉRAUX. D'OÙ LA
QUALITÉ ESSENTIELLE DE CET ÊTRE, LIBÉRÉ À LA FOIS DE TOUS
SOUCIS DOMICILIAIRES ET ALIMENTAIRES PAR LA PRÉSENCE À SON
ENTOUR D'UNE RESSOURCE INFINIE D'ALIMENTS : *L'immobilité.*

---

1. Le mot renvoie au processus biologique de développement,
mais fait pendant à l'« analyse » décrite plus haut.

2. Substance qui constitue l'essentiel de la cellule vivante.
Étymologiquement, « chose façonnée ».

La crevette

Plusieurs qualités ou circonstances font l'un des objets les plus pudiques au monde, et peut-être le plus farouche gibier de contemplation, d'un petit animal qu'il importe sans doute moins de nommer d'abord que d'évoquer avec précaution, de laisser s'engager de son mouvement propre dans le conduit des circonlocutions, d'atteindre enfin par la parole au point dialectique où le situent sa forme et son milieu, sa condition muette et l'exercice de sa profession juste.

Admettons-le d'abord, parfois il arrive qu'un homme à la vue troublée par la fièvre, la faim ou simplement la fatigue, subisse une passagère et sans doute bénigne hallucination : par bonds vifs, saccadés, successifs, rétrogrades suivis de lents retours, il aperçoit d'un endroit à l'autre de l'étendue de sa vision remuer d'une façon particulière une sorte de petits signes, assez peu marqués, translucides, à formes de bâtonnets, de virgules, peut-être d'autres signes de ponctuation, qui, sans lui cacher du tout le monde l'oblitèrent en quelque façon, s'y déplacent en surimpression, enfin donnent envie de se frotter les yeux afin de re-jouir par leur éviction d'une vision plus nette.

Or, dans le monde des représentations extérieures, parfois un phénomène analogue se produit: la crevette, au sein des flots qu'elle habite, ne bondit pas d'une façon différente, et comme les taches dont je parlais tout à l'heure étaient l'effet d'un trouble de la vue, ce petit être semble d'abord fonction de la confusion marine. Il se montre d'ailleurs le plus fréquemment aux endroits où même par temps sereins cette confusion est toujours à son comble: au creux des roches, où les ondulations liquides sans cesse se contredisent, parmi lesquelles l'œil, dans une épaisseur de pur[1] qui se distingue mal de l'encre, malgré toutes ses peines n'aperçoit jamais rien de sûr. Une diaphanéité utile autant que ses bonds y ôte enfin à sa présence même immobile sous les regards toute continuité[2].

L'on se trouve ici exactement au point où il importe qu'à la faveur de cette difficulté et de ce doute ne prévaille pas dans l'esprit une lâche illusion, grâce à laquelle la crevette, par l'attention déçue presque aussitôt cédée à la mémoire, n'y serait pas conservée plus qu'un reflet, ou que l'ombre envolée et bonne nageuse des types d'une espèce représentée de façon plus tangible dans les bas-fonds par le homard, la langoustine, la langouste, et par l'écrevisse dans les

---

1. La construction inhabituelle de l'adjectif renvoie peut-être à la manière dont on décrit les blasons qui ne comportent qu'un aplat de couleur sans motif.

2. La syntaxe complexe perturbe ici le sens de la phrase qu'il faut ainsi comprendre : une diaphanéité utile autant que ses bonds ôte enfin à la présence même immobile de la crevette toute continuité.

ruisseaux froids. Non, à n'en pas douter elle vit tout autant que ces chars[1] malhabiles, et connaît, quoique dans une condition moins terre à terre, toutes les douleurs et les angoisses que la vie partout suppose… Si l'extrême complication intérieure qui les anime parfois ne doit pas nous empêcher d'honorer les formes les plus caractéristiques, d'une stylisation à laquelle elles ont droit, pour les traiter au besoin ensuite en idéogrammes indifférents, il ne faut pas pourtant que cette utilisation nous épargne les douleurs sympathiques que la constatation de la vie provoque irrésistiblement en nous : une exacte compréhension du monde animé sans doute est à ce prix.

Qu'est-ce qui peut d'ailleurs ajouter plus d'intérêt à une forme, que la remarque de sa reproduction et dissémination par la nature à des millions d'exemplaires à la même heure partout, dans les eaux fraîches et copieuses du beau comme du mauvais temps ? Que nombre d'individus pâtissent de cette forme, en subissent la damnation particulière, au même nombre d'endroits de ce fait nous attend la provocation du désir de perception nette. Objets pudiques en tant qu'objets, semblant vouloir exciter le doute non pas tant chacun sur sa propre réalité que sur la possibilité à son égard d'une contemplation un peu longue, d'une possession idéale un peu satisfaisante ; pouvoir prompt, siégeant dans la queue, d'une rupture de chiens à tout

---

1. Les décapodes se divisent en deux sous-ensembles, les « nageurs » (crevettes) et les « marcheurs » (écrevisses, homards, langoustes). Ainsi s'explique sans doute la métaphore des « chars malhabiles ».

propos : sans doute est-ce dans la cinématique[1] plutôt que dans l'architecture par exemple qu'un tel motif enfin pourra être utilisé... L'art de vivre d'abord y devait trouver son compte : il nous fallait relever ce défi.

---

1. Science qui étudie les mouvements.

Végétation

La pluie ne forme pas les seuls traits d'union entre
le sol et les cieux : il en existe d'une autre sorte,
moins intermittents et beaucoup mieux tramés, dont
le vent si fort qu'il l'agite n'emporte pas le tissu. S'il
réussit parfois dans une certaine saison à en détacher
peu de choses, qu'il s'efforce alors de réduire dans
son tourbillon, l'on s'aperçoit à la fin du compte qu'il
n'a rien dissipé du tout.

À y regarder de plus près, l'on se trouve alors à
l'une des mille portes d'un immense laboratoire,
hérissé d'appareils hydrauliques multiformes, tous
beaucoup plus compliqués que les simples colonnes
de la pluie et doués d'une originale perfection : tous à
la fois cornues, filtres, siphons, alambics[1].

Ce sont ces appareils que la pluie rencontre justement d'abord, avant d'atteindre le sol. Ils la reçoivent
dans une quantité de petits bols, disposés en foule à
tous les niveaux d'une plus ou moins grande profondeur, et qui se déversent les uns dans les autres

---

1. Énumération d'instruments utilisés en chimie.

jusqu'à ceux du degré le plus bas, par qui la terre enfin est directement ramoitie[1].

Ainsi ralentissent-ils l'ondée à leur façon, et en gardent-ils longtemps l'humeur et le bénéfice au sol après la disparition du météore. À eux seuls appartient le pouvoir de faire briller au soleil les formes de la pluie, autrement dit d'exposer sous le point de vue de la joie les raisons aussi religieusement admises, qu'elles furent par la tristesse précipitamment formulées. Curieuse occupation, énigmatiques caractères.

Ils grandissent en stature à mesure que la pluie tombe ; mais avec plus de régularité, plus de discrétion : et, par une sorte de force acquise, même alors qu'elle ne tombe plus. Enfin, l'on retrouve encore de l'eau dans certaines ampoules[2] qu'ils forment et qu'ils portent avec une rougissante affectation, que l'on appelle leurs fruits.

Telle est, semble-t-il, la fonction physique de cette espèce de tapisserie à trois dimensions à laquelle on a donné le nom de végétation pour d'autres caractères qu'elle présente et en particulier pour la sorte de vie qui l'anime... Mais j'ai voulu d'abord insister sur ce point : bien que la faculté de réaliser leur propre synthèse et de se produire sans qu'on les en prie (voire entre les pavés de la Sorbonne), apparente les appareils végétatifs aux animaux, c'est-à-

---

1. Terme d'imprimerie employé au sujet du papier que l'on humidifie avant l'impression.

2. Vésicule en botanique, le terme désigne également l'enflure, les excès du style, jugement esthétique qu'évoque également le terme « affectation ».

dire à toutes sortes de vagabonds, néanmoins en beaucoup d'endroits à demeure ils forment un tissu, et ce tissu appartient au monde comme l'une de ses assises.

Le galet

Le galet n'est pas une chose facile à bien définir.

Si l'on se contente d'une simple description l'on peut dire d'abord que c'est une forme ou un état de la pierre entre le rocher et le caillou.

Mais ce propos déjà implique de la pierre une notion[1] qui doit être justifiée. Qu'on ne me reproche pas en cette matière de remonter plus loin même que le déluge.

Tous les rocs sont, issus par scissiparité d'un même aïeul énorme. De ce corps fabuleux l'on ne peut dire qu'une chose, savoir que hors des limbes il n'a point tenu debout.

La raison ne l'atteint qu'amorphe et répandu parmi les bonds pâteux de l'agonie. Elle s'éveille pour le

---

1. Le texte était initialement intitulé «Le galet ou la notion de la pierre». Le mot «notion», hérité du verbe «connaître» en latin, apparaît également dans «Escargots» et dans «Bords de mer». Excédant le sens courant, il désigne le modèle de connaissance à la fois synthétique et analytique auquel aspire le poète.

baptême d'un héros de la grandeur du monde, et découvre le pétrin affreux d'un lit de mort.

Que le lecteur ici ne passe pas trop vite, mais qu'il admire plutôt, au lieu d'expressions si épaisses et si funèbres, la grandeur et la gloire d'une vérité qui a pu tant soit peu se les rendre transparentes et n'en paraître pas tout à fait obscurcie.

Ainsi, sur une planète déjà terne et froide, brille à présent le soleil. Aucun satellite de flammes à son égard ne trompe plus. Toute la gloire et toute l'existence, tout ce qui fait voir et tout ce qui fait vivre, la source de toute apparence objective s'est retirée à lui. Les héros issus de lui qui gravitaient dans son entourage se sont volontairement éclipsés. Mais pour que la vérité dont ils abdiquent la gloire — au profit de sa source même — conserve un public et des objets, morts ou sur le point de l'être, ils n'en continuent pas moins autour d'elle leur ronde, leur service de spectateurs.

L'on conçoit qu'un pareil sacrifice, l'expulsion de la vie hors de natures autrefois si glorieuses et si ardentes, ne soit pas allé sans de dramatiques bouleversements intérieurs. Voilà l'origine du gris chaos de la Terre, notre humble et magnifique séjour.

Ainsi, après une période de torsions et de plis pareils à ceux d'un corps qui s'agite en dormant sous les couvertures, notre héros, maté (par sa conscience) comme par une monstrueuse camisole de force, n'a plus connu que des explosions intimes, de plus en plus rares, d'un effet brisant sur une enveloppe de plus en plus lourde et froide.

Lui mort et elle chaotique sont aujourd'hui confondus.

★

De ce corps une fois pour toutes ayant perdu avec la faculté de s'émouvoir celle de se refondre en une personne entière, l'histoire depuis la lente catastrophe du refroidissement ne sera plus que celle d'une perpétuelle désagrégation. Mais c'est à ce moment qu'il advient d'autres choses : la grandeur morte, la vie fait voir aussitôt qu'elle n'a rien de commun avec elle. Aussitôt, à mille ressources.

Telle est aujourd'hui l'apparence du globe. Le cadavre en tronçons de l'être de la grandeur du monde ne fait plus que servir de décor à la vie de millions d'êtres infiniment plus petits et plus éphémères que lui. Leur foule est par endroits si dense qu'elle dissimule entièrement l'ossature sacrée qui leur servit naguère d'unique support. Et ce n'est qu'une infinité de leurs cadavres qui réussissant depuis lors à imiter la consistance de la pierre, par ce qu'on appelle la terre végétale, leur permet depuis quelques jours de se reproduire sans rien devoir au roc.

Par ailleurs l'élément liquide, d'une origine peut-être aussi ancienne que celui dont je traite ici, s'étant assemblé sur de plus ou moins grandes étendues, le recouvre, s'y frotte, et par des coups répétés active son érosion.

Je décrirai donc quelques-unes des formes que la pierre actuellement éparse et humiliée par le monde montre à nos yeux.

★

Les plus gros fragments, dalles à peu près invisibles sous les végétations entrelacées qui s'y agrippent autant par religion[1] que pour d'autres motifs, constituent l'ossature du globe.

Ce sont là de véritables temples : non point des constructions élevées arbitrairement au-dessus du sol, mais les restes impassibles de l'antique héros qui fut naguère véritablement au monde.

Engagé à l'imagination de grandes choses parmi l'ombre et le parfum des forêts qui recouvrent parfois ces blocs mystérieux, l'homme par l'esprit seul suppose là-dessous leur continuité.

Dans les mêmes endroits, de nombreux blocs plus petits attirent son attention. Parsemées sous bois par le Temps, d'inégales boules de mie de pierre[2], pétries par les doigts sales de ce dieu.

Depuis l'explosion de leur énorme aïeul, et de leur trajectoire aux cieux abattus sans ressort, les rochers se sont tus.

Envahis et fracturés par la germination, comme un homme qui ne se rase plus, creusés et comblés par la terre meuble, aucun d'eux devenus incapables d'aucune réaction ne pipe plus mot.

Leurs figures, leurs corps se fendillent. Dans les

---

1. Selon Lucrèce, le mot « religion » serait dérivé du mot « relier », étymologie aujourd'hui contestée mais féconde du point de vue de l'imaginaire.
2. Allusion au *Petit Poucet*.

rides de l'expérience la naïveté s'approche et s'installe. Les roses s'assoient sur leurs genoux gris, et elles font contre eux leur naïve diatribe. Eux les admettent. Eux, dont jadis la grêle désastreuse éclaircit les forêts, et dont la durée est éternelle dans la stupeur et la résignation.

Ils rient de voir autour d'eux suscitées et condamnées tant de générations de fleurs, d'une carnation d'ailleurs quoi qu'on dise à peine plus vivante que la leur, et d'un rose aussi pâle et aussi fané que leur gris. Ils pensent (comme des statues sans se donner la peine de le dire) que ces teintes sont empruntées aux lueurs des cieux au soleil couchant, lueurs elles-mêmes par les cieux essayées tous les soirs en mémoire d'un incendie bien plus éclatant, lors de ce fameux cataclysme à l'occasion duquel projetés violemment dans les airs, ils connurent une heure de liberté magnifique terminée par ce formidable atterrement[1]. Non loin de là, la mer aux genoux rocheux des géants spectateurs sur ses bords des efforts écumants de leurs femmes abattues, sans cesse arrache des blocs qu'elle garde, étreint, balance, dorlote, ressasse, malaxe, flatte et polit dans ses bras contre son corps ou abandonne dans un coin de sa bouche comme une dragée, puis ressort de sa bouche, et dépose sur un bord hospitalier en pente douce parmi un troupeau déjà nombreux à sa portée, en vue de l'y reprendre bientôt pour s'en occuper plus affectueusement, passionnément encore.

Cependant le vent souffle. Il fait voler le sable. Et si

1. Le mot désigne à la fois le fait de s'abattre sur le sol et l'abattement moral.

l'une de ces particules, forme dernière et la plus infime de l'objet qui nous occupe, arrive à s'introduire réellement dans nos yeux, c'est ainsi que la pierre, par la façon d'éblouir qui lui est particulière, punit et termine notre contemplation.

La nature nous ferme ainsi les yeux quand le moment vient d'interroger vers l'intérieur de la mémoire si les renseignements qu'une longue contemplation y a accumulés ne l'auraient pas déjà fournie de quelques principes.

★

À l'esprit en mal de notions qui s'est d'abord nourri de telles apparences, à propos de la pierre la nature apparaîtra enfin, sous un jour peut-être trop simple, comme une montre dont le principe est fait de roues qui tournent à de très inégales vitesses, quoiqu'elles soient agies par un unique moteur.

Les végétaux, les animaux, les vapeurs et les liquides, à mourir et à renaître tournent d'une façon plus ou moins rapide. La grande roue de la pierre nous paraît pratiquement immobile, et, même théoriquement, nous ne pouvons concevoir qu'une partie de la phase de sa très lente désagrégation.

Si bien que contrairement à l'opinion commune qui fait d'elle aux yeux des hommes un symbole de la durée et de l'impassibilité, l'on peut dire qu'en fait la pierre ne se reformant pas dans la nature, elle est en réalité la seule chose qui y meure constamment.

En sorte que lorsque la vie, par la bouche des êtres qui en reçoivent successivement et pour une assez courte période le dépôt, laisse croire qu'elle envie la solidité indestructible du décor qu'elle habite, en réalité elle assiste à la désagrégation continue de ce décor. Et voici l'unité d'action qui lui paraît dramatique : elle pense confusément que son support peut un jour lui faillir, alors qu'elle-même se sent éternellement ressuscitable. Dans un décor qui a renoncé à s'émouvoir, et songe seulement à tomber en ruines, la vie s'inquiète et s'agite de ne savoir que ressusciter.

Il est vrai que la pierre elle-même se montre parfois agitée. C'est dans ses derniers états, alors que galets, graviers, sable, poussière, elle n'est plus capable de jouer son rôle de contenant ou de support des choses animées. Désemparée[1] du bloc fondamental elle roule, elle vole, elle réclame une place à la surface, et toute vie alors recule loin des mornes étendues où tour à tour la disperse et la rassemble la frénésie du désespoir.

Je noterai enfin, comme un principe très important, que toutes les formes de la pierre, qui représentent toutes quelque état de son évolution, existent simultanément au monde. Ici point de générations, point de races disparues. Les Temples, les Demi-Dieux, les Merveilles, les Mammouths, les Héros, les Aïeux voisinent chaque jour avec les petits-fils. Chaque homme peut toucher en chair et en os tous les possibles de ce monde dans son jardin. Point de concep-

---

1. « Détaché de ». Ponge joue à la fois sur le sens moral, aujourd'hui le plus fréquent, et sur l'étymologie de « désemparer » qui signifie littéralement « abattre les remparts d'une forteresse ».

tion[1] : tout existe ; ou plutôt, comme au paradis, toute la conception existe.

★

Si maintenant je veux avec plus d'attention examiner l'un des types particuliers de la pierre, la perfection de sa forme, le fait que je peux le saisir et le retourner dans ma main, me font choisir le galet.

Aussi bien, le galet est-il exactement la pierre à l'époque où commence pour elle l'âge de la personne, de l'individu, c'est-à-dire de la parole.

Comparé au banc rocheux d'où il dérive directement, il est la pierre déjà fragmentée et polie en un très grand nombre d'individus presque semblables. Comparé au plus petit gravier, l'on peut dire que par l'endroit où on le trouve, parce que l'homme aussi n'a pas coutume d'en faire un usage pratique, il est la pierre encore sauvage, ou du moins pas domestique.

Encore quelques jours sans signification dans aucun ordre pratique du monde, profitons de ses vertus.

★

Apporté un jour par l'une des innombrables charrettes du flot, qui depuis lors, semble-t-il, ne déchargent plus que pour les oreilles leur veine cargaison,

---

1. Sens actif, action de concevoir un nouvel être, comme dans l'« Immaculée conception » à laquelle le « paradis » pourrait renvoyer, par l'intermédiaire du péché originel. Le mot, repris à la fin de la phrase, désigne au contraire l'ensemble des choses conçues.

chaque galet repose sur l'amoncellement des formes de son antique état, et des formes de son futur.

Non loin des lieux où une couche de terre végétale recouvre encore ses énormes aïeux, au bas du banc rocheux où s'opère l'acte d'amour de ses parents immédiats, il a son siège au sol formé du grain des mêmes, où le flot terrassier le recherche et le perd.

Mais ces lieux où la mer ordinairement le relègue sont les plus impropres à toute homologation. Ses populations y gisent au su de la seule étendue. Chacun s'y croit perdu parce qu'il n'a pas de nombre, et qu'il ne voit que des forces aveugles pour tenir compte de lui.

Et en effet, partout où de tels troupeaux reposent, ils couvrent pratiquement tout le sol, et leur dos forme un parterre incommode à la pose du pied comme à celle de l'esprit.

Pas d'oiseaux. Des brins d'herbe parfois sortent entre eux. Des lézards les parcourent, les contournent sans façon. Des sauterelles par bonds s'y mesurent plutôt entre elles qu'elles ne les mesurent. Des hommes parfois jettent distraitement au loin l'un des leurs.

Mais ces objets du dernier peu, perdus sans ordre au milieu d'une solitude violée par les herbes sèches, les varechs, les vieux bouchons et toutes sortes de débris des provisions humaines, — imperturbables parmi les remous les plus forts de l'atmosphère, — assistent muets au spectacle de ces forces qui courent en aveugles à leur essoufflement par la chasse de tout hors de toute raison.

Pourtant attachés nulle part, ils restent à leur place quelconque sur l'étendue. Le vent le plus fort pour déraciner un arbre ou démolir un édifice, ne peut déplacer un galet. Mais comme il fait voler la poussière alentour, c'est ainsi que parfois les furets de l'ouragan déterrent quelqu'une de ces bornes du hasard à leurs places quelconques depuis des siècles sous la couche opaque et temporelle du sable.

★

Mais au contraire l'eau, qui rend glissant et communique sa qualité de fluide à tout ce qu'elle peut entièrement enrober, arrive parfois à séduire ces formes et à les entraîner. Car le galet se souvient qu'il naquit par l'effort de ce monstre informe sur le monstre également informe de la pierre. Et comme sa personne encore ne peut être achevée qu'à plusieurs reprises par l'application du liquide, elle lui reste à jamais par définition docile.

Terne au sol, comme le jour est terne par rapport à la nuit, à l'instant même où l'onde le reprend elle lui donne à luire. Et quoiqu'elle n'agisse pas en profondeur, et ne pénètre qu'à peine le très fin et très serré agglomérat, la très mince, quoique très active adhérence du liquide provoque à sa surface une modification sensible. Il semble qu'elle la repolisse, et panse ainsi elle-même les blessures faites par leurs précédentes amours. Alors, pour un moment, l'extérieur du galet ressemble à son intérieur : il a sur tout le corps l'œil de la jeunesse.

Cependant sa forme à la perfection supporte les deux milieux. Elle reste imperturbable dans le désordre des mers. Il en sort seulement plus petit, mais entier, et, si l'on veut aussi *grand*, puisque ses proportions ne dépendent aucunement de son volume.

Sorti du liquide il sèche aussitôt. C'est-à-dire que malgré les monstrueux efforts auxquels il a été soumis, la trace liquide ne peut demeurer à sa surface : il la dissipe sans aucun effort.

Enfin, de jour en jour plus petit mais toujours sûr de sa forme, aveugle, solide et sec dans sa profondeur, son caractère est donc de ne pas se laisser confondre mais plutôt réduire par les eaux. Aussi, lorsque vaincu il est enfin du sable, l'eau n'y pénètre pas exactement comme à la poussière. Gardant alors toutes les traces, sauf justement celles du liquide, qui se borne à pouvoir effacer sur lui celles qu'y font les autres, il laisse à travers lui passer toute la mer, qui se perd en sa profondeur sans pouvoir en aucune façon faire avec lui de la boue.

Je n'en dirai pas plus, car cette idée d'une disparition de signes me donne à réfléchir sur les défauts d'un style qui appuie trop sur les mots.

Trop heureux seulement d'avoir pour ces débuts su choisir *le galet* : car un homme d'esprit ne pourra que sourire, mais sans doute il sera touché, quand mes critiques diront : « Ayant entrepris d'écrire une description de la pierre, il s'empêtra[1]. »

---

1. Exemple de fausse étymologie puisque le mot « s'empêtrer » ne possède aucun lien étymologique avec le mot latin *petra* qui signifie « pierre ».

Table

Du ready-made

au texte

Alain Jaubert

Du ready-made au texte

Balai
par Gaston Chaissac

… Le balai en paille de riz se déforme et s'use toujours dans le même sens…

C'est un petit personnage au teint rose et aux yeux noirs. Effacé, mais souriant. Un peu hirsute. Avant même d'avoir perçu les détails de la physionomie, chacun a reconnu dans l'objet un balai. Le manche bleu, les pailles jaunes serrées par un collet de cuir noir et cousues par des cordelettes blanches, c'est un « balai en paille de riz de forme plate à quatre ligatures, large de 26 centimètres environ », si l'on se réfère au fameux *Catalogue de la Manufacture d'armes et cycles de Saint-Étienne* qui recense depuis 1885 la presque totalité des objets usuels des Français. C'est un ustensile réservé au balayage énergique des sols durs et inégaux — cours d'usines, de fermes ou d'écoles — et qui se distingue par sa forme du balai dit « d'appartement », à sole plate de bois dur et à hampe de soie grise et souple. Utilisé pour le balayage de la poussière domestique, ce dernier est trois fois plus coûteux que le précédent. Il se distingue aussi du balai-brosse à monture identique mais à herse de chiendent ou de coco consacré au brossage sévère et au lavage des carrelages. Tous ont un élément commun, le manche en bois tourné, d'un mètre vingt à un mètre quarante de longueur. Il se termine en olive séparée du reste de la barre cylindrique par une petite gorge permettant d'y serrer un cordon d'accrochage. Tous ces balais et bien d'autres encore sont depuis longtemps vendus dans les bazars, les grands magasins et chez les marchands de couleurs. Ils sont présents dans toutes les maisons.

Le balai en paille de riz, qu'il soit utilisé par un gaucher ou par un droitier, se déforme et s'use toujours dans le même sens : il finit par afficher une dissymétrie marquée. À la longue, la dimension réduite de ses fibres végétales en fait un objet raide et inutile qui ferait même obstacle à un balayage efficace. Étant donné son prix modique, on ne cherche pas à le restaurer. Tout au plus garde-t-on son manche. On en achète un autre et on met le vieux balai au feu — il brûle très bien — ou, si l'on possède cave, grenier ou débarras, on le jette au rebut avec les casseroles percées, les marmites cabossées et tous les ustensiles modestes et hors d'usage de la vie quotidienne.

… En quelques mois, à toute vitesse, l'apprenti peintre digère tout…

Cet exemplaire-là a subi un autre sort. Il a été sommairement barbouillé de peinture. Deux traits noirs épais pour les sourcils qui rejoignent le trait en V évasé pour le nez. Deux gros points de la même couleur pour les yeux. Et un accent en demi-lune pour la bouche : les commissures tournées vers le haut placent cette bouche délibérément du côté du sourire. Le front est délimité lui aussi par un trait noir. Nez, joues et front sont teintés de blanc rosâtre et de rouge. La touffe de paille de riz qui se dresse au-dessus de ce visage a été elle aussi badigeonnée d'un jus noirâtre : le mélange avec le jaune de la paille donne à cette chevelure une tonalité verdâtre. Cet objet a été peint par Gaston Chaissac vers 1953. C'est une sorte de caricature visant à transformer un objet vulgaire en petit personnage comique.

Chaissac est né en 1910 à Avallon. Ses parents sont corréziens. Mère femme de ménage, père cordonnier. Situation précaire, relations tendues entre le père et la mère. Santé très fragile du jeune enfant. Après la Grande Guerre, le père abandonne le foyer. Le frère aîné de Gaston, René, revenu choqué de la guerre, est interné. Des leçons de dessin sont données à sa sœur par une châtelaine, Gaston y assiste. Quand il a treize ans, il est placé comme marmiton dans un hôtel. Plusieurs autres emplois : chez un quincaillier, puis chez un bourrelier qui lui apprend à préparer et à poser les couleurs. En 1926, la mère de Chaissac ferme la cordonnerie et s'établit dans le Morvan, chez sa fille, postière à Villapourçon. Le jeune homme, qui a suivi sa mère, découvre la lecture, apprend l'accordéon, aime pratiquer la cordonnerie.

Dix ans plus tard, cherchant du travail, hébergé par l'un de ses frères à Paris, rue Henri-Barbusse, Chaissac est voisin du peintre Otto Freundlich. Le peintre et sa femme s'intéressent au jeune homme, lui donnent du matériel et l'encouragent à dessiner et à peindre. En quelques mois, à toute vitesse, l'apprenti peintre digère tout, histoire de l'art, importance du dessin, jeux avec la couleur et la forme, métier et marché. « En toute sincérité, écrira-t-il plus tard, je ne puis pour ma part me dire peintre autodidacte car je n'ai pas appris seul à peindre. Je savais d'avance, et du jour au lendemain, j'ai pu construire des tableaux qui ont été remarqués. » Il se brouille avec son frère, tombe malade, est hospitalisé à l'hospice de Nanterre qui lui laissera des souvenirs de cauchemar, puis au sanatorium d'Arnières, en Normandie. On lui donne papier, crayons et couleurs et il commence à élaborer les principaux thèmes de son vocabulaire : personnages, visages, masques, paysages, animaux… Les Freundlich organisent une exposition à Paris en 1938.

… des personnages colorés, grimaçants, contorsionnés ou dansants…

Chaissac passe ensuite à la maison de repos de Clairvivre en Dordogne puis, en pleine guerre, se rend à Saint-Rémy-de-Provence où il travaille chez un bourrelier ami du peintre Gleizes. Chez Gleizes, il rencontre peintres et écrivains qui, plus tard, vont asseoir sa renommée. Il se marie en 1942 avec Camille Guibert qu'il a rencontrée deux ans plus tôt au sanatorium. Il vit un temps à Vix, le village natal de sa femme. Nommée à Boulogne, en Vendée, la jeune institutrice y travaille pendant six ans, mais la situation du couple reste précaire malgré d'évidents succès parisiens du peintre qui vend quelques

tableaux. Chaissac devient l'ami de Raymond Queneau, de Jean Paulhan, et surtout de Jean Dubuffet
qui retrouve dans son œuvre bien des traits de ce
qu'il recherche dans l'«art brut», concept qu'il a
forgé vers le milieu des années 1940. «Productions
de toute espèce — dessins, peintures, broderies,
figures modelées ou sculptées, etc. — présentant un
caractère spontané et fortement inventif, aussi peu
que possible débitrices de l'art coutumier ou des
poncifs culturels, et ayant pour auteurs des personnes obscures, étrangères aux milieux artistiques
professionnels.» Cela comprend donc aussi bien
l'art des «naïfs» ou «primitifs modernes» que l'art
des malades mentaux (mais Dubuffet récusait ce
terme). Traits communs à tous ces artistes : une
approche non scolaire des techniques de l'art, la
spontanéité naïve de l'inspiration, le caractère sauvage et indiscipliné du traitement. D'une façon
générale, et sans souci de classification ou d'appartenance à une école, la peinture de Chaissac séduit :
formes simples héritées du cubisme et du surréalisme, tantôt à la limite de l'abstraction, tantôt au
contraire expressionnistes, avec des personnages
colorés, grimaçants, contorsionnés ou dansants. Le
matériau de base est très divers : carton, planches,
toile, papier d'emballage, papier kraft, vieilles che-
mises de lin ou de coton, tôles, os, pierres, souches,
planches. Lorsque la «bonne» peinture vient à manquer, il peint avec de la peinture d'ameublement,
du banal Ripolin.

Camille est nommée à Saint-Florence-de-l'Oie en
1948. L'artiste excentrique et l'institutrice laïque,
transplantés en pays chouan, sont très mal reçus.
Mais là, Chaissac peut s'adonner pleinement à son

art. Il peint des tableaux, fabrique des collages à partir de papiers peints et commence aussi à peindre sur de vieux ustensiles. Et il écrit beaucoup. Il correspond avec tous ses nouveaux amis. Il écrit à des journalistes ou à des critiques d'art. Son œuvre épistolaire est importante. De même, il rédige des poèmes et de courtes proses qui seront un jour rassemblés en volume (*Hippobosque au bocage*, Gallimard, 1951). L'école ferme en 1961 et le couple retourne à Vix où Chaissac meurt en 1964. Il a été fort heureusement filmé dans ces années-là par la télévision allemande. Mince, élégant dans sa tenue paysanne — sabots et casquette —, l'air un peu triste, Chaissac semble donner l'image d'un simple cordonnier de campagne fort habile à manipuler les objets.

… Chaissac ressent une véritable empathie pour les objets humbles et fragiles…

Entre 1953 et 1956, Chaissac, à qui sans doute la surface plane et quadrangulaire des tableaux ne suffit pas, pratique de plus en plus le collage. Papiers découpés dans des journaux. Papiers de récupération : papiers peints d'ameublement, ce qui permet de placer directement dans la composition une couleur donnée, industrielle, ou parfois des motifs réguliers. Puis, on lui commande des décorations d'intérieur, les boiseries de la maison de ses voisins. Enfin, il a l'idée de peindre des objets. Mais il ne s'agit pas pour lui de signer des objets courants, reprenant l'idée de ready-made inventée par Marcel Duchamp une quarantaine d'années auparavant. Il s'agit plutôt de redonner vie à des objets cassés, usés, rejetés, en les transformant par la peinture. Chaissac a été lui-même humilié, éliminé, mis en marge. À ce titre, il ressent une véritable empathie pour les objets humbles et fragiles de ces tas de déchets. Il y a partout, surtout à la campagne, dans les coins de granges, les remises, les ateliers, les greniers, de ces amas d'objets touchés par la disgrâce, définitivement inutiles. Dans ces rebuts, on trouve des planches, des tôles, des paniers percés, de vieilles brosses, des tuiles fendues, des ardoises ébréchées, des outils de jardinage ou de bricolage cassés ou tordus. Et aussi, dans la nature, des souches : « Il fut un temps où je me suis penché ravi sur la vieillesse vétuste des souches abandonnées dans la forêt », écrit Chaissac à Dubuffet. Il les surnomme aussi « idoles en sculptures naturelles ». Chaissac s'empare de quelques-uns de ces objets et les ressuscite. Une très belle huile sur ardoise de 1954 : personnage jaune et bleu aux grands yeux verts (musée des Sables-d'Olonne). Une marmite au visage débonnaire, un peu patapouf, avec un gros nez peint et les deux anses en guise d'oreilles. Un fond de lessiveuse aplati et plié, façon de donner à ce rebut le volume le plus faible, Chaissac s'en empare et, à l'aide de couleurs chaudes, en fait une œuvre dense, presque abstraite où se distinguent cependant des yeux, des bras, des corps, bref, un semblant de vie. Un panier d'osier écrasé : avec un visage peint sur le fond, c'est une sorte de masque intitulé *Visage dans une croix*. Mais, explique-t-il à Jean Dubuffet, ces objets ne sont pas à prendre dans un sens religieux : « Ils symbolisent plutôt ma vie empoisonnée. » Une autre marmite aplatie, percée, vieux bout d'aluminium infâme, et elle retrouve son sourire et ses couleurs. Une pelle hors d'usage devient visage. Un sabot sert de support à l'effigie d'un chat. Une serpette est un oiseau exotique. Ce résidu de balai s'ennuyait dans son coin. Quelques touches de peinture, et hop!, voici un petit personnage hirsute, un gars espiègle, souriant, au long cou.

… chez les peuples premiers, la forme du matériau est déjà une sorte de moule qui anticipe la métamorphose finale…

Pour comprendre comment se rejoignent la pensée des «primitifs» et l'art dit «naïf», il faut sans doute relire un fameux texte, ce passage de l'ouvrage de Claude Lévi-Strauss, *La Pensée sauvage* (1962) où l'illustre ethnologue risque une comparaison entre la pensée mythique et le bricolage : «Le propre de la pensée mythique est de s'exprimer à l'aide d'un répertoire dont la composition est hétéroclite…» Le bricoleur travaille avec «les moyens du bord» et pioche dans un rebut où sont conservés les objets qu'on a jetés là en se disant «ça peut toujours servir», exactement comme le conteur de mythes puise dans un réservoir de légendes, images et textes, toujours disponibles. Et là, dans le cas de l'art «brut» ou «naïf», nous sommes aussi en pleine mythologie puisque Chaissac, à partir de planches clouées et assemblées, de grandes souches aux formes élancées, de grosses bûches, va composer ce qu'il a appelé des «totems». Des personnages peints aux habits bariolés et qui, rassemblés par groupes lors

d'expositions, forment des cohortes saisissantes de
sorciers ou d'adeptes de rituels inconnus. Ils domi-
nent les visiteurs et leur imposent un regard interro-
gatif ou énigmatique.

En « maquillant » ainsi son vieux balai, Chaissac
obéit à une démarche fondamentale de la culture
humaine dont on peut retrouver les bases d'une
part dans le comportement des jeunes enfants,
d'autre part dans les rituels des peuples dits « primitifs » (on dirait aujourd'hui « premiers »). L'enfant
s'empare d'un objet qui n'est pas nécessairement à
l'image d'un animal ou d'un être humain et l'investit d'une certaine « personnalité ». C'est un jeu.
Tel bout de planche, telle balle, tel chiffon, devient
une personne avec un nom et des attributs. On peut
discuter avec la chose, la jeter, la battre ou, au
contraire, la bercer, la câliner. La voilà transformée
en un être animé parlant et pensant. De même, les
objets familiers, les meubles, les ustensiles de cuisine,
les outils étranges dans l'environnement de l'enfant
sont facilement investis de caractères les plus divers.
La cafetière a un drôle de bec, elle ricane. La marmite est une grosse dame aux deux oreilles bien
ourlées. Telle cruche a un air « distingué ». Telle
carafe est « méchante ». Tous ces objets appartien-
nent au cercle de famille. Mais il y en a d'autres,
plus inquiétants. Une souche vue de loin, dans le
jardin, sous les feuillages est un monstre tapi, prêt à
bondir. De même chez les peuples premiers, la
forme du matériau est déjà une sorte de moule, de
modèle qui anticipe la métamorphose finale. Les
aspérités de la grotte donnent naissance aux membres,
bosses, cornes des animaux que va dessiner le peintre
préhistorique. Le bois à sculpter a déjà une forme.

Taillé avec pondération et respect, il devient la demeure d'un esprit, il est l'esprit lui-même. Désormais, l'objet est au centre du regard, il obnubile, il fascine, on ne peut plus le voir que comme la chose même. Une chose qui vit et qui pense comme nous, de nombreux poètes l'ont déjà exprimé.

… Ponge nous force, comme Chaissac, à nous interroger sur l'analogie…

Francis Ponge retrouve à la fois ce regard de l'enfant et cette empathie du « sauvage » lorsqu'il personnalise les objets qui le fascinent. C'est la terre qui « reprend son air sérieux ». La mer « polie avec tout le monde ». L'eau qui est « folle » ou « joueuse, puérile d'obéissance ». Le cageot qui se retrouve « légèrement ahuri ». La bougie qui « se noie dans son aliment ». Le galet qui « ne pipe plus mot ». Les escargots qui « bavent d'orgueil ». Et ainsi de suite, la pensée anthropomorphique est inépuisable. « Objets inanimés, avez-vous donc une âme ? » demandait déjà le poète romantique. C'est la pensée la plus simple, la plus élémentaire. Ponge en tire des effets à la fois comiques et philosophiques. Il nous force, comme Chaissac, à nous interroger sur l'analogie. Pourquoi voyons-nous toujours autre chose dans les choses ? Pourquoi nous identifions-nous si facilement à des objets étrangers à notre propre corps ?

Chaissac avait eu un illustre prédécesseur en la personne de Pablo Picasso dont les travaux de ces années-là l'ont certainement beaucoup influencé. En 1942, Picasso assemble une selle de vélo et son guidon et compose ainsi une tête de taureau. La double torsion du guidon, le cuir de la selle, sa silhouette effilée en « mufle », tout était parfait dans cet assemblage impressionnant quoique d'une simplicité époustouflante. C'était l'aboutissement logique d'une démarche initiée des années auparavant avec les collages de matières réelles dans les natures mortes cubistes : boutons, clous, journaux, chiffons, partitions, paquet de cigarettes. Et cela a continué avec la récupération de débris ou d'objets cassés et leur introduction dans des sculptures : panier d'osier, moule, chaussure, pour la *Petite fille sautant à la corde* (1950) ; céramique cassée, auto miniature, balle de ping-pong, cruche pour *La Guenon et son petit* (1952). Panier d'osier, céramiques cassées, feuille de palmier, barres de fer pour *La Chèvre* (1950). Mais on pourrait trouver des racines plus lointaines encore à ce genre d'exercice puisque, depuis l'Antiquité, on a composé des tableaux ou des décorations avec les objets les plus divers et les plus insolites : coquillages, cailloux, ailes de papillons, branches mortes, coraux, galets, pierres aux formes étranges, pierres précieuses… Grottes artificielles, rocailles, boîtes à bijoux, plaques de pierre et galets peints témoignent de cette inventivité permanente au cours de l'histoire de ce dialogue permanent entre art populaire et art savant.

… nous sommes à la fois dans un conte de fées et dans un univers savant, entièrement métaphorique…

Naïf notre balai ? Dans son bel ouvrage sur *Les Inspirés et leurs demeures*, le photographe Gilles Ehr-

mann, avec l'aval d'André Breton, classe Chaissac
aux côtés du Facteur Cheval, l'auteur du palais idéal
à Hauterives dans la Drôme, d'Hippolyte Massé, le
Vendéen à la maison de coquillages, ou d'Adolphe-
Julien Fouéré, l'ermite de Rothéneuf, près de Saint-
Malo, qui a sculpté les rochers marins de personnages
fantastiques. Mais Chaissac doit être considéré à
part. D'abord, s'il est en partie autodidacte, il ne
poursuit pas une carrière coupée du monde de
l'art. Il connaît bien la démarche de Picasso et des
cubistes. Il connaît le rôle de l'objet dans l'histoire
des formes. Il est en contact avec les critiques d'art,
les peintres et les écrivains de son temps. Ce n'est
donc pas un « naïf » au sens ordinaire du mot. Il a
juste gagné sa place, en marge des grands courants
de l'art moderne, en montrant qu'un artiste, s'il en
avait la volonté, pouvait « faire feu de tout bois »,
récupérer n'importe quel matériau et lui donner un
sens.

Ainsi, avec le balai, nous sommes à la fois dans un
conte de fées, les objets inanimés de la vie quotidienne deviennent des amis, des personnages bavards,
et dans un univers savant, entièrement métaphorique. Ces fibres usées composent une vraie chevelure en brosse, justement, et même du genre en épi,
indisciplinée, rebelle au peigne : on en connaît pas
mal des gens comme ce gars-là ! Le manche bleu est
un cou, un peu décharné, certes. Et le collet, un vrai
col roulé. Bon, il est beaucoup plus large que le col
sur lequel il est monté, mais nous sommes dans le
domaine de la caricature, il ne faut pas trop en
demander. Notre ami est à la fois aimable, avenant
et cependant un peu « collet monté ». Bien sûr, si
nous dressons notre balai contre un mur, on verra

qu'il est vraiment très maigre et qu'il lui manque bras et jambes. Mais la tête à elle seule suffit à représenter le personnage. Et trois ou quatre touches de peinture font de la tête du balai un vrai visage humain au sourire tendre.

Car le sourire est la marque même de Chaissac. Cet homme sombre, taciturne, assez malheureux et maladif, ne crée pas des monstres. Ses personnages rêveurs sont rarement des spectres de cauchemar. De doux rêveurs mélancoliques. Ou de gentils personnages de bande dessinée qui se succèdent dans une sarabande plutôt cocasse, fantasque et sentimentale. Une incitation à détourner tous les objets de notre environnement et en faire des compagnons familiers, comme lorsque nous étions enfants et que nous ne savions pas démêler le vivant de l'inerte.

Le texte

en perspective

Émilie Frémond

Mouvement littéraire

À contre-courant

SI L'ON A COUTUME DE CONSIDÉRER *Le Parti pris des choses* comme «l'accès indispensable (initiatique) à toute l'œuvre de Ponge», selon la formule de Jean Thibaudeau, force est de constater que cet accès est aujourd'hui encombré par les discours qui, depuis plus de cinquante ans, ont cherché à en interpréter l'issue. Il est, en effet, peu de mouvements ou de courants de pensée nés au XXᵉ siècle dont on n'ait voulu voir dans l'œuvre de Francis Ponge les signes précurseurs ou les traces. L'itinéraire du poète n'est sans doute pas étranger aux nombreux infléchissements dont son œuvre fut l'objet. Lié à la *Nouvelle Revue française*, créée par André Gide en 1909 et généralement considérée comme le bastion de la littérature «classique», il adhéra provisoirement au surréalisme en 1930, publia pendant la Seconde Guerre mondiale aux côtés des poètes résistants, entretint un dialogue avec la philosophie de l'absurde d'Albert Camus et l'existentialisme de Jean-Paul Sartre, fréquenta certains écrivains du nouveau roman avant de collaborer, dans les années 1960, avec *Tel quel*, célèbre groupe de réflexion sur la littérature. À cheval sur les dernières aventures collectives du xxᵉ siècle et la poésie contemporaine qui témoigne d'un regain des individualités, Francis Ponge paraît ainsi avoir traversé les avant-gardes tout en préservant son écriture des vicissitudes de l'histoire, répondant à une nécessité intérieure plutôt qu'au besoin de *faire école*.

Accès privilégié à l'œuvre du poète, *Le Parti pris des choses* constitue un seuil à plus d'un titre : d'une part, il clôt une période de longue maturation et offre au poète une relative notoriété dans les milieux littéraires alors que son premier recueil, publié seize ans plus tôt, était demeuré quasi inaperçu ; d'autre part, il propose au lecteur les premiers résultats d'une écriture nouvelle dans le champ de la poésie. Privilégiant désormais le monde extérieur, en particulier les objets les plus humbles auxquels il entend redonner une légitimité poétique, Francis Ponge ouvre une voie jusqu'alors peu empruntée en entamant un long « voyage dans l'épaisseur des choses ».

1.

Sortir du manège poétique

1. *Un recueil à double fond*

Si la publication d'un recueil poétique coïncide rarement avec le moment de son écriture, la durée qui sépare la rédaction des premiers poèmes du *Parti pris des choses* (1924) de leur publication (1942) nécessite de prendre en compte un double horizon : les années 1930, pendant lesquelles Ponge rédige l'essentiel des textes du recueil et les années de l'Occupation, période de leur publication. Envisager *Le Parti pris des choses* à la lumière de la poésie engagée dont Louis Aragon et Paul Éluard constituent en 1942 les figures les plus actives permettrait sans doute de mesurer l'écart qui sépare Ponge de ses contemporains, mais ce serait manquer le débat implicite qui s'instaure avec la poésie surréaliste des années 1930, dont le recueil se veut l'exact contrepoint.

Il faut tout d'abord remonter au milieu des années 1920 pour comprendre l'impulsion première d'où semble être née, moins le projet du recueil, qu'une nouvelle manière d'envisager l'écriture et la question du langage poétique. Découvrant l'impropriété foncière du langage à exprimer une pensée encore informulée et l'usure du médium langagier par son usage quotidien, Ponge renoue avec l'ambition mallarméenne de restituer à la poésie la pureté de ses matériaux. L'impossibilité de s'exprimer et de pallier l'écart entre les mots et la pensée, vécue comme une impasse, se résout chez Ponge par une révolution du regard. « Il s'agit pour moi de faire parler les choses, écrit-il en 1928, puisque je n'ai pas réussi à parler moi-même, c'est-à-dire à me justifier moi-même par définitions et par proverbes. » Sorti du « casse-tête métaphysique », le poète entend dès lors se faire le porte-parole de ce « monde muet » sur lequel l'homme n'a cessé d'étendre sa domination. Avant de devenir, tardivement, le titre du recueil, « le parti pris des choses » est donc d'abord une nouvelle manière d'être au monde.

La rédaction des textes du recueil, qui s'étend de 1924 à 1939, est contemporaine de l'épanouissement du surréalisme, dont Francis Ponge partagera un court moment le combat politique. Tandis qu'André

Breton et ses émules, sur le devant de la scène artistique et littéraire, guettent le surgissement du merveilleux dans la vie quotidienne, Ponge œuvre en silence, à l'écart des milieux littéraires, plongé dans une vie ouvrière qui laisse peu de temps à l'écriture. Quoiqu'il partage avec les surréalistes des références communes (comme Lautréamont, Arthur Rimbaud, Stéphane Mallarmé) et conteste comme eux l'ordre social, Ponge refuse toute échappée dans un surréel magnifié par l'image poétique. Le premier poème du recueil, « Pluie », constitue un véritable manifeste de la poétique pongienne : là où Breton célébrait, dans un poème de *Poisson soluble* (1924), la pluie « divine » qui « à l'intérieur de [la] pensée [...] entraîne des étoiles comme une rivière claire charrie de l'or », Ponge décrit la pluie comme une vaste « horlogerie » examinée selon la forme, le bruit et le rythme de chacun de ses mécanismes. En refusant de se livrer aux associations inconscientes et à l'analogie, Ponge inaugure une tendance de la poésie contemporaine qui connaîtra une grande fortune dans les années 1960 : le littéralisme. Plutôt que de dresser des ponts entre les réalités les plus éloignées, Ponge les dynamite pour mieux observer la « qualité différentielle » de chacune d'entre elles, tandis que des poètes comme Eugène Guillevic ou Jean Follain réhabilitent à leur manière l'humilité des choses concrètes, loin des grandes orgues surréalistes.

Achevé dès 1939, le recueil ne sera pourtant publié que trois ans plus tard, après de nombreuses péripéties. On ne s'étonnera donc guère de n'y trouver aucune allusion au conflit, ni aucune parole militante, la veine satirique présente dans certains poèmes ne pouvant au mieux être interprétée que comme un refus de l'ordre petit-bourgeois. Si le décalage temporel justifie en partie l'effacement de l'Histoire dans le recueil, il faut également rappeler l'aversion de Ponge pour les idéologies et le refus qu'il partage avec les surréalistes de transformer la poésie en tribune politique. Bien qu'il accepte de participer au recueil clandestin *L'Honneur des poètes*, destiné à réaffirmer les pouvoirs de la poésie en temps de guerre, Ponge demeure en retrait, poursuivant son patient inventaire des qualités de la matière appelées à régénérer l'homme.

2. *La rhétorique contre l'esthétique*

La volonté de se démarquer de ses prédécesseurs comme de ses contemporains s'exprime chez Ponge non par un avant-gardisme tapageur mais par une inactualité délibérée, gage d'universalité, et par un retour paradoxal à une forme de poésie didactique qui vise, bien plus qu'à « charmer » son lecteur, à le « convaincre ». *Le Parti pris des choses* se présente donc à plusieurs égards comme une rupture avec la poésie lyrique que le romantisme et le symbolisme avaient contribué à ériger en modèle exclusif. Refusant jusqu'à l'idée de composer des poèmes, Ponge aspire dès 1933 à créer « une seule cosmogonie », une explication de la création — ou de la recréation — du monde, sur le modèle antique du *De natura rerum* (*De la nature*) de Lucrèce. Plutôt que de s'en remettre aux sentiments d'un moi limité, le poète préfère se laisser envahir par les choses pour découvrir, à leur contact, des sentiments nouveaux.

La recherche du Beau, la notion d'harmonie, l'évasion réelle ou fantasmée sont alors condamnées au

profit d'une contemplation des objets les moins
poétiques : le cageot, l'huître, le morceau de viande
et bientôt la serviette-éponge, la lessiveuse ou le
savon. «Inutile de partir, prescrit Ponge, se trans-
férer aux choses, qui vous comblent d'impressions
nouvelles, vous proposent un million de qualités
inédites.» Échapper au «ronron» d'une poésie auto-
centrée réclame donc de la part du poète une
rigueur et une humilité dont Ponge trouvera l'exemple
auprès des poètes classiques qu'il admire : Jean de
La Fontaine, Nicolas Boileau, François de Malherbe.
Aux différents mythes du poète inspiré — par les
dieux, la nature ou l'inconscient —, Ponge substitue
la figure de l'artisan en prise directe avec la matière :
s'il faut ouvrir des trappes, c'est bien plus à l'intérieur des choses et des mots dont le dictionnaire
permet d'explorer la profondeur sémantique, qu'à
l'intérieur d'un inconscient ouvert à tout vent. «Cou-
per les ailes à la grandeur, à la beauté», tel est le
moyen de sortir d'une poésie complaisante et de
rafraîchir le monde.

Pour «rénove[r] le monde des objets», le poète
doit cependant forger de nouvelles armes. C'est
ainsi que Ponge choisit, pour «résister aux paroles»
(faciles), de réhabiliter la rhétorique — art de
convaincre par les moyens de l'éloquence — en
inventant une nouvelle forme poétique qui emprunte
ses ressources à la fois à la prose, à la musique et aux
discours savants. Les «descriptions-définitions-objets-
d'art-littéraire» dont *Le Parti pris des choses* offre les
modèles les plus aboutis se présentent donc, selon le
vœu de leur auteur, comme un «dictionnaire phéno-
ménologique», autrement dit une histoire naturelle
qui, au lieu de s'en tenir au visible, doit permettre

au lecteur d'*éprouver* à son tour, simultanément ou alternativement, «l'épaisseur des choses» et «l'épaisseur des mots». Rompant avec toute règle *a priori*, le poète s'en remet à la spécificité des choses pour définir la forme que chacune d'elles exige : au lieu d'élaborer un système de règles, Ponge s'offre la liberté d'en changer pour chaque poème.

2.

Renouveler la langue, renouveler le monde

1. *Des mots et des choses*

Le poète s'attache aux choses : à peine un tiers des textes du recueil est consacré à des êtres animés et l'humain est bien souvent en proie à une automatisation qui le rapproche de l'objet. Cette volonté de Ponge de répondre aux «instances muettes» du monde inanimé ne saurait aller sans une attention aux mots qui permettent d'en désigner ou d'en décrire les éléments. La «contemplation» et la «nomination» qui président, selon Ponge, à l'élaboration des textes du recueil suggèrent une indissoluble complémentarité des choses et des mots, ce que le poète résumera à travers deux axiomes censés décrire sa méthode : «le parti pris des choses» et «le compte tenu des mots». Bien que l'on ait souvent cherché à ranger les œuvres du poète dans l'une ou l'autre de ces catégories, c'est plutôt à partir d'incessants allers et retours entre la réalité sensible des choses, leur représentation culturelle et les signes (linguistiques et graphiques) qui y renvoient que Ponge construit patiemment son œuvre, comme l'escargot sa coquille. Les natures mortes poétiques que le lecteur découvre dans *Le Parti pris des choses* sont donc sans arrêt ranimées par l'interrogation que le poète adresse au langage, retourné comme on retourne une terre meuble pour mettre au jour « des millions de parcelles, de paillettes, de racines, de vers et de petites bêtes jusqu'alors enfouies ».

Les textes du *Parti pris des choses* miment cette espèce d'effeuillement qui consiste à gagner progressivement les profondeurs de la chose, à partir de sa surface. Cette surface initiale peut être cependant d'ordre divers. En effet, c'est tantôt la définition du mot, son étymologie, ses consonances, sa graphie qui servent de déclencheur à l'écriture, tantôt les sensations suscitées par la chose elle-même. Or le texte cumule souvent les points de vue sur la réalité ou l'objet choisis, c'est pourquoi l'apparente transparence de ces morceaux de nature finit par brouiller la représentation. Bien que l'auteur fasse mine de restituer méthodiquement la réalité sensible de chaque objet — souvent transformé en archétype par l'emploi de l'article générique « le/la » — on peut se demander si cette multiplication des points de vue vise à en exprimer l'essence ou à le concurrencer par un nouvel objet textuel qui ferait alors perdre le contact avec la réalité initiale. Le désir, chez Ponge comme chez certains de ses contemporains, de réactiver dans chaque mot un lien avec la réalité concrète qu'il désigne permet au moins aux textes du *Parti pris des choses* d'évoquer, au sens propre — c'est-à-dire d'appeler, de faire surgir — ce qu'ils tentent de circonscrire par leurs circonvolutions. La réflexion de Ponge sur le langage rappelle la théorie soutenue par le personnage éponyme du dialogue de Platon, *Cratyle*, théorie selon laquelle il existerait une correspondance entre la graphie, le son d'un mot et ce qu'il désigne.

2. *Du dictionnaire au livre-monde : les ambitions du recueil*

Ponge n'a cessé de le rappeler, le Littré, dictionnaire publié en 1872, constitue son premier outil de travail, non seulement parce qu'il permet de remonter jusqu'à la racine des mots, mais aussi parce qu'il constitue un rempart contre le « lyrisme patheux » — adjectif forgé à partir de « pâteux » et « pathos », associant la poésie du sentiment à un engluement — du siècle précédent. Or Ponge songea un moment à publier le recueil sous la forme des ouvrages pédagogiques destinés aux enfants, « avec des dessins genre Larousse illustré ». Tentant de dépasser plus tard le concept presque trop parfait mis en œuvre avec les textes du *Parti pris des choses*, Ponge précisera sa volonté de créer un genre qui ne soit ni « un traité scientifique, ni l'Encyclopédie, ni Littré » mais « quelque chose de plus et de moins ». Le désir de « reprendre tout au début » qui préside à l'écriture du recueil dit assez l'ambition démiurgique du poète d'opérer une nouvelle création au seul moyen du Verbe, et en considérant « toutes choses comme inconnues ». L'odyssée dans la « nuit du logos » se double d'une odyssée dans l'histoire de la matière, comme si la remontée aux origines du sens ne pouvait se faire que sur le modèle des cosmogonies antiques. C'est d'ailleurs par un hommage au matérialisme épicurien illustré par Lucrèce dans son célèbre poème, le *De natura rerum*, que s'inaugure le recueil, puisque la décomposition de la pluie en ses particules élémentaires rappelle l'atomisme antique.

Les nombreuses allégories de la Nature mises en scène par le poète (« La fin de l'automne », « Le cycle des saisons », « Le galet »), la temporalité cyclique et les mouvements continus qui agitent la matière contribuent à représenter un monde à l'état naissant ou renaissant, qui semble se débarrasser de sa gangue à mesure que le poète débarrasse les mots de leurs scories, attendant qu'une « formule perle ». Les analogies entre le cycle de la nature, les processus de la matière et le travail du poète-artisan sont à cet égard très nombreuses (« Les mûres », « L'orange », « Notes pour un coquillage »), la plupart des descriptions pouvant être lues selon deux niveaux : un niveau littéral et un niveau allégorique. C'est sans doute ce qui explique que l'on ait pu rapprocher les textes du recueil du genre de la fable, dont Ponge admirait la variété et le style lapidaire.

3.

« Hors du vieil humanisme »

1. *Du naturaliste au moraliste*

Manifestant très tôt un profond dégoût pour le « magma poétique », Francis Ponge a toujours préféré associer son travail à celui du chercheur ou du savant plutôt qu'à celui du poète, perverti selon lui par la mythologie romantique du poète inspiré. Or c'est bien la posture du naturaliste, qui inventorie et décrit les éléments des différents règnes, que semble adopter le poète du *Parti pris des choses*. Cependant, loin de reconduire « les classifications habituelles » de l'histoire naturelle, il entend au contraire les « déranger » en leur substituant une « naïve classification puérile des choses » fondée sur l'impression singulière qu'elles éveillent en lui.

Bien qu'il ait été souvent présenté comme le poète des objets, Francis Ponge ne saurait être réduit à cette transparence objective que ses textes dénoncent par la présence — souvent facétieuse — de leur énonciateur. Si la rigueur de l'analyse, l'apparence de scientificité de la description (« Pluie », « La cigarette ») et son caractère souvent impersonnel paraissent évacuer le sujet au profit de l'objet, nombreuses sont pourtant les marques de subjectivité présentes dans l'écriture pongienne. « Ce qui m'importe, écrit Ponge dans un projet de préface, c'est de saisir presque chaque soir un nouvel objet, d'en tirer à la fois une jouissance et une leçon ; je m'y instruis et m'en amuse. » On retrouve ici le double impératif formulé par le poète latin Horace qui sous-tend toute la littérature classique (*docere et placere*, « enseigner et divertir »), à ceci près que l'expérience morale se trouve reportée en amont de l'œuvre qu'elle fonde et féconde tout à la fois.

En donnant la parole à l'objet, en « exprimant son caractère muet, sa leçon, en termes quasi moraux », et ce dans un style qui vise à l'épure du proverbe et de la maxime, le poète renoue avec les moralistes classiques, sans perdre de vue le renouvellement des formes poétiques qui caractérise la modernité. Il renverse cependant le point de vue du « vieil humanisme » anthropocentrique qui, depuis Descartes, n'avait cessé d'étendre sa domination sur la nature, et humanise le monde muet dont il sait les qualités inépuisables. L'homme, envisagé dans sa dimension sociale, se trouve alors réduit à une mécanique artificielle (« R.C. Seine n° », « Le Restaurant Lemeunier ») et, envisagé dans sa dimension biologique, assimilé aux processus de transformation (« La jeune mère ») ou de déformation (« Le gymnaste ») de la matière organique. Loin de décréter la fin de l'homme et la disparition de l'esprit, Ponge cherche plutôt à rompre avec le ressassement des idées et des mots pour favoriser un nouvel essor, hors de toute métaphysique, dans l'« ici-haut ». Parce que la nomination des qualités informulées de l'objet peut être l'occasion, pour l'homme, d'éprouver des sentiments nouveaux et d'accéder à des significations inouïes, Ponge choisit donc de « ressusciter les choses » et de les remettre en marche : « pas contre l'homme, mais à sa suite ».

2. *La place de l'homme dans la poésie pongienne*

La primauté accordée aux choses a pour corollaire, dans le recueil, un amenuisement de la présence humaine, dont on a souvent fait le reproche au poète après la lecture qu'en ont proposée Jean-Paul Sartre et Albert Camus, prompts à trouver la confirmation de leur propre philosophie dans cette représentation d'un monde déserté par l'homme. Si certains se félicitent du pessimisme qu'ils croient déceler dans le recueil, d'autres, parmi ses amis les plus proches, attendent de Ponge qu'il consente « à ne plus prendre l'homme "par la bande" », autrement dit, qu'il accepte d'affronter la question humaine. Le débat qui accompagne la réception de l'œuvre n'est pas sans fondements et ne sera pas sans conséquences sur l'œuvre du poète. L'histoire semble, en effet, avoir disparu au profit d'une cosmogonie élémentaire qui évacue toute présence humaine, tandis que l'atemporalité des définitions-descriptions tend à priver l'objet des liens qui l'attachent à l'homme en tant qu'intermédiaire. Flatté qu'Albert Camus s'intéresse à son œuvre, Ponge entame en 1943 un dialogue avec l'écrivain publié sous forme de « réflexions » dans *Proêmes,* dans lequel il réfute pourtant le tragique auquel confine la philosophie de l'absurde. S'il accepte la « non-signification du monde », il confère à la poésie le pouvoir de la dépasser dans la mesure où l'expression permet chaque fois de « refaire le monde ».

L'attitude de Ponge à l'égard de la question humaine pourrait enfin paraître contradictoire si l'on ne prenait en compte les tensions qui l'habitent. « C'est l'Homme qui est le but », déclare-t-il dans les mêmes réflexions, avant d'affirmer plus loin : « Si j'ai un dessein caché, […] c'est surtout de ne pas décrire l'homme. » La démarche du poète se veut ainsi essentiellement indirecte : plutôt que de « retrouver l'homme », il préfère « trouver l'homme que nous ne sommes pas encore, l'homme avec mille qualités nouvelles, inouïes » en se penchant sur ce qui, fondamentalement, lui résiste. *Le Parti pris des choses* ne vise à rien d'autre qu'à « re-nourrir l'homme ». Alain Robbe-Grillet ne s'y trompera pas qui, distinguant la démarche pongienne du nouveau roman, affirmera : « L'anthropomorphisme le plus ouvertement psychologique et moral qu'il ne cesse de pratiquer ne peut avoir [...] pour but que l'établissement d'un ordre humain, général et absolu. »

La poésie de Francis Ponge se laisse ainsi difficilement saisir, rétive à toute forme de réduction, philosophique ou poétique. En s'abîmant dans les choses et en proscrivant l'usage de la première personne du singulier au profit de la troisième, le poète ne cesse pourtant de manifester son point de vue et de placer au premier plan sa propre représentation des choses. Quant à l'écriture, elle oscille entre l'exigence d'approfondir la connaissance sensible des choses et la tentation de s'en émanciper grâce à l'autonomie du langage.

Sélection d'œuvres de Francis Ponge

Proêmes, Gallimard (repris en « Poésie/Gallimard »), 1949.

La Rage de l'expression, Gallimard (repris en « Poésie/Gallimard »), 1952.

« My creativ method », *Méthodes*, Gallimard (repris en « Folio essais »), 1961.

Le Savon, Gallimard (repris dans « L'imaginaire »), 1967.

Entretiens avec Philippe Sollers, Seuil, 1967.

Pour prolonger la réflexion

Michel COLLOT, *Francis Ponge : entre mots et choses*, Champ Vallon, 1991.

Jean-Charles GATEAU, *Le Parti pris des choses*, Gallimard, « Foliothèque », 1997.

Jean-Marie GLEIZE, *Francis Ponge*, Le Seuil, 1988.

Bernard VECK, *Le Parti pris des choses*, Bertrand Lacoste, « Parcours de lecture », 1994.

Genre et registre

Le poème réfléchi

L'ŒUVRE DE FRANCIS PONGE, que l'on considère aujourd'hui comme l'une des réalisations majeures de la modernité poétique malgré ce qu'elle doit à l'esthétique classique, s'inscrit dans une série de mutations qu'elle prolonge et dépasse tout à la fois. Prenant acte des révolutions poétiques opérées successivement par Lautréamont, Rimbaud et Mallarmé, Francis Ponge situe la question du langage au cœur de ses préoccupations, rejoignant en cela la démarche de nombre de ses contemporains, au premier rang desquels figurent les poètes surréalistes. S'il partage le même désir de se reporter à la naissance du langage et de réhabiliter la connaissance sensible, le même refus d'opposer la prose et la poésie au nom d'une théorie des genres obsolète, rien ne saurait pourtant le faire souscrire au lyrisme daté auquel il juge les surréalistes encore soumis. Bien que la conscience des problèmes liés à l'écriture soit perceptible chez la plupart de ses contemporains, Francis Ponge semble s'être appliqué, plus que tout autre, à brouiller les limites entre le poème et son commentaire, jadis réservé aux essais, arts poétiques ou préfaces. De nombreux textes offrent ainsi en miroir le geste qui préside à leur création tandis que l'on glisse progressivement de la contemplation des choses à celle des mots ou inversement. Refusant de réduire ses textes à de simples poèmes destinés à émouvoir, représenter, exprimer ou convaincre, Ponge préfère les considérer comme des « exercices de rééducation verbale » et décide d'en faire un théâtre où la parole elle-même s'exhibe, se cherche, se corrige, se saborde ou s'accomplit.

1.

La poésie dans tous ses états

1. *La variété des formes et des registres*

Le premier problème qui se pose à la lecture des textes du *Parti pris des choses* tient à leur appartenance générique. Si on les range le plus souvent dans la catégorie des poèmes en prose, l'application de leur auteur à se démarquer du « magma poétique » mérite pourtant qu'on y prête quelque attention. La clôture des textes, la densité de leur forme, l'extrême souci du rythme et de la matière sonore des mots, mais aussi l'acuité du regard porté sur la nature et les réalités quotidiennes apparentent les textes du recueil au poème en prose, inauguré par Aloysius Bertrand et célébré ensuite par Charles Baudelaire. De nombreux textes accordent ainsi une part non négligeable à la matière sonore et graphique des mots vedettes (« L'orange », « La mousse », « Escargots », « Le gymnaste »), tandis que l'harmonie imitative permet souvent de suggérer, par la récurrence

des sonorités, la présence de l'objet décrit (« Pluie » :
« La sonnerie au sol des filets verticaux, le glou-glou
des gouttières »). Le souci constant de relier les
choses aux mots qui les désignent et les nombreux
jeux ou associations qui en découlent confèrent donc
aux textes une indubitable dimension poétique.

Cependant, c'est aux genres définitionnels que
Francis Ponge préfère se référer pour qualifier les
textes du *Parti pris des choses*, à mi-chemin entre la
description scientifique et l'article de dictionnaire.
Contrairement au genre poétique du blason qui
consiste à décrire un objet et à en épuiser les qualités
esthétiques et morales pour en faire l'éloge, Ponge
considère chaque chose à son degré de généralité le
plus haut afin d'en saisir la « qualité différentielle »
et d'en tirer une leçon pour l'homme, « un sujet de
méditation ». Aussi les modèles esthétiques dont il
se réclame (fable, proverbe, maxime) ont-ils en commun une même visée didactique et une extrême
économie de moyens, éloignée de l'enflure lyrique
des poètes inspirés. L'usage presque invariable du
présent de vérité générale, l'abondance des verbes
attributifs, l'omniprésence du vocabulaire affectif et
moral qui contribue à humaniser l'ensemble des
objets décrits ainsi que les nombreuses injonctions
du poète à saisir l'enseignement inscrit au cœur des
choses, sont autant de signes de la volonté de
« convaincre » le lecteur.

2. *La mise en scène du discours poétique*

Si Ponge, dans ce recueil, refuse la posture du
poète lyrique, il adopte, en revanche, celle de l'ora-
teur, *a priori* peu compatible avec l'objectivité propre

aux genres définitionnels. Sans doute faut-il donc dépasser le modèle sur lequel s'ordonne chacun des textes pour envisager l'artisan qui s'y dévoile avec jubilation. Loin de déserter le poème, l'énonciateur cesse en fait de se présenter en être agi par une série de passions pour se représenter en acteur de la construction du texte, n'hésitant pas à souligner les moments de la démonstration ou à établir un dialogue avec ses lecteurs. Ponge réhabilite ainsi la rhétorique, c'est-à-dire les moyens de l'éloquence la plus classique, pour s'émanciper des clichés du lyrisme.

Au lieu de disparaître derrière les choses qu'il décrit, le poète ne cesse de se manifester et de justifier ses choix à travers la mise en scène de son propre discours, n'hésitant pas à l'interrompre par caprice ou facétie (p. 10, 13-14, 15, 25). Dans « La cigarette », celle-ci est, par exemple, présentée en trois temps nettement distincts : « Rendons d'abord l'atmosphère à la fois brumeuse et sèche », « Puis sa personne », « Sa passion enfin ». Quant aux « comportements » des diverses matières, ils subissent dans « Les trois boutiques » un traitement inégal parfaitement revendiqué par le poète : refusant successivement d'accorder son attention aux métaux, aux pierres précieuses et à la viande en prenant soin d'exposer les raisons de son refus, il regrette, en revanche, de ne disposer que de la moitié d'une page pour décrire le bois et le charbon et court-circuite ainsi le poème en affirmant : « c'est pourquoi je me borne à vous proposer ce sujet de méditation », étant entendu que la contrainte pratique dénoncée ne saurait être prise au sérieux. Affichant par là son goût de la variété, il exhibe son

geste («si l'on se contente d'une simple description» p. 79, «Il y a autre chose à dire des escargots»
p. 31, «ce n'est pas assez d'avoir dit de l'orange [...]
Il faut mettre l'accent sur» p. 19), le diffère parfois
(«un petit animal qu'il importe sans doute moins
de nommer d'abord que d'évoquer avec précaution» p. 72) ou le commente («à la fin d'une étude
trop courte, menée aussi rondement que possible»
p. 19, «elles sont mûres — comme aussi ce poème
est fait» p. 14). L'abondance des modalisateurs est
révélatrice puisqu'elle permet au poète de se représenter lui-même, à travers son énonciation, cherchant
et corrigeant sans cesse sa description («Chaque
morceau de viande est une sorte d'usine» p. 46;
«On pourrait presque dire» p. 44). Il arrive enfin
que l'objet décrit disparaisse momentanément derrière le jeu réflexif et se charge, au fil du texte, des
effets non prémédités que sa contemplation produit
(«Notes pour un coquillage», «La crevette»).

2.

La doublure du texte

1. *Du langage de la nature à la nature du langage*

Si la volonté qui préside à l'écriture pongienne de
revenir «aux choses les plus simples» contribue à
l'apparente transparence du poème, la pluralité et
l'instabilité des perspectives adoptées en compli-
quent pourtant la lecture. Quelle que soit la part de

l'expérience sensible dans la description de l'objet (sa texture, son goût, sa forme), on glisse presque immanquablement de la réalité sensible vers les représentations mentales suggérées par l'objet ou par le mot qui le désigne, si bien que l'expérience sensible s'intellectualise par un constant retour sur les mots. Tandis que le poème se donne pour une description de la nature, de ses acteurs et de ses processus de transformation, c'est en fait aux aventures du langage qu'il invite le lecteur à assister. Jouant sur la polysémie autant que sur l'étymologie, Ponge inscrit dans sa physique du monde une poétique du langage qui transforme potentiellement chaque réalité naturelle en phénomène linguistique.

L'une des étymologies implicites les plus productives dans le recueil est sans doute celle qui réactive la dimension matérielle du texte puisque le mot *textus* signifie « tissu, trame » et fait réciproquement de tout tissu une représentation potentielle du texte poétique. Relevant de l'anatomie, de la botanique et de l'industrie humaine, le tissu permet de convoquer plusieurs règnes et de disséminer dans le recueil entier des modèles mais aussi des contre-modèles du réseau textuel. La mie du pain est, par exemple, dévalorisée en raison de son « tissu pareil à celui des éponges » (p. 24) dont la « gymnastique » est ailleurs qualifiée d'« ignoble » parce qu'elle « se remplit de vent, d'eau propre ou d'eau sale » (p. 18), comme le tissu-éponge de la mousse que le poète invite à « scalper » (p. 38). Au contraire, la végétation offre un « tissu » mieux « tramé », une « tapisserie à trois dimensions » (p. 76, 77) où le monde trouve « l'une de ses assises » (p. 78), et le poète un modèle de « synthèse » (p. 71). Il n'est pas jusqu'aux signes de l'écriture

— encre, lettres, trait d'union, virgule, idéogrammes, caractères — qui ne soient convoqués pour décrire la nature, ainsi transformée en un vaste livre selon une métaphore traditionnelle. Le jeu polysémique entretient de la même manière la circulation entre le concret et l'abstrait par la récurrence d'une même figure de style, la syllepse, qui consiste tantôt à remotiver le sens littéral d'une expression («à boire et à manger» p. 21 ; «brisons-la» p. 25), tantôt à doubler le sens physique d'un sens affectif («décontenancées», «mortifiées», p. 23).

Enfin, le poème fait place chez Ponge à un langage inhabituel, un métalangage, par définition non poétique puisqu'il sert généralement à commenter le langage lui-même. La manière dont le poète évalue la pertinence des mots employés pour désigner les choses (p. 40, 77) ou dont il envisage leur prononciation («orange» contre «citron») crée évidemment une distance qui empêche le lecteur de céder à l'illusion de voir les mots recréer la réalité qu'ils décrivent. Les formules, les homonymes, les harangues, les diatribes envahissent ainsi le théâtre de la nature, tandis que l'expression et la parole deviennent visibles («L'escargot», «Faune et flore») : on ne sait plus dès lors si ce sont les phénomènes linguistiques qui servent de comparants aux phénomènes naturels ou l'inverse, les uns s'offrant en miroir aux autres.

2. *Le dialogue intertextuel*

L'intertextualité désigne les relations que les œuvres littéraires entretiennent entre elles. Elle permet d'envisager la manière dont un auteur se situe par rapport à la tradition qu'il assume ou qu'il rejette. Or le recueil établit ici un dialogue sous-jacent avec les motifs traditionnels de la poésie lyrique. Devenu un des lieux communs du lyrisme, l'automne traverse ainsi l'histoire du genre poétique, des élégies latines jusqu'à la poésie moderne. Le second texte du recueil, « La fin de l'automne », permet d'emblée au poète de se situer par rapport à une tradition qu'il reprend pour la détourner. Alors que Baudelaire entonne un « chant d'automne », que Paul Verlaine se laisse bercer par « la langueur monotone » des « sanglots longs / Des violons / De l'automne » et que Guillaume Apollinaire se soumet au génie d'une « saison mentale » parfaitement intériorisée, Ponge sape toute sentimentalité élégiaque en refusant de lier l'automne à un quelconque affect. Réduit à sa « fin », l'automne « n'est plus qu'une tisane froide », autrement dit une réalité physique et prosaïque que ne parvient plus à transcender la production de quelque « alcool » romantique. L'ascèse de l'hiver et l'assèchement progressif de la terre deviennent seuls à même d'assurer la renaissance de l'élan vital, comme l'épure du style peut seule garantir une nouvelle manière de regarder le monde et d'écrire la poésie.

Certains motifs naturels, comme le papillon ou la fleur, traditionnellement rattachés à un certain idéalisme esthétique déjà dénoncé par Lautréamont et Rimbaud, subissent en outre dans le recueil les assauts d'un matérialisme militant. Les fleurs sont ainsi comparées, dans « Le papillon », à des « tasses mal lavées » tandis que l'insecte, dont la métamorphose est généralement interprétée comme une sublimation de la forme — comme chez Breton par exemple, où il constitue une incarnation de la beauté et de la nécessité naturelles — est présenté sous le signe du manque (« lampiste ») ou de l'excès (« pétale superfétatoire ») et non de l'accomplissement. Le « vomissement de vert » par lequel s'exprime enfin le monde végétal et les « plaies » auxquelles sont associées les fleurs qui en recouvrent le corps, témoignent encore d'une volonté de refonder le langage poétique de la nature en luttant contre l'emphase de ces *fleurs* de rhétorique dont le poète lui-même subit parfois l'attraction (p. 65, 66).

3. *L'allégorie généralisée*

« Le poète, écrit Francis Ponge, ne doit jamais proposer une pensée mais un objet, c'est-à-dire que même à la pensée il doit faire prendre une pose d'objet » (*Proêmes*). Or la récurrence de certains motifs invite non seulement le lecteur à découvrir les lignes de force qui travaillent l'œuvre pongienne, mais aussi à envisager chaque texte comme une allégorie de la création poétique. Le « drame de l'expression » vécu dans les années 1920, et résolu par le retour aux choses les plus humbles, ne disparaît pas totalement de l'horizon du poète puisqu'il s'agit désormais de mettre en abyme et en perspective les moyens de l'expression poétique au cœur de chaque poème. Les décrochages qui font passer de la description de l'objet aux considérations morales ou esthétiques qu'il inspire sont si nombreux (p. 13, 29, 34, 59, 60-61, 70, 74, 89) qu'ils entraînent le lecteur à augmenter le sens de chaque poème d'une portée allégorique. Ce qui apparaissait au début comme une nouvelle histoire naturelle se transforme en un art poétique dissimulé dans les choses mêmes.

Les textes du *Parti pris des choses* disséminent les principes d'un véritable art poétique qui pourfend l'histrionisme («Le gymnaste», «Bords de mer», «R. C. Seine N°», «Notes pour un coquillage»), la démesure et l'opportunisme («De l'eau»), et prône au contraire l'ordre, l'humilité et la discrétion — valeurs dont le cageot, l'escargot, le mollusque, le coquillage, le bois, la crevette et le galet deviennent les ambassadeurs. L'éloge du galet sur lequel se clôt le recueil et s'ouvre l'œuvre à venir permet enfin au poète, au moment où il semble embrasser le temps long de l'histoire et du mythe, de resserrer la question poétique sur l'unité minimale du langage : le mot, poli par l'usage et pourtant capable d'être revivifié par la poésie. À travers «la pierre encore sauvage» (p. 86), non domestiquée, s'exprime bien l'idéal d'un langage déchargé de l'obligation de servir, contemplé, comme l'objet naturel, pour ses seules qualités sonores ou visuelles.

L'écrivain
à sa table de travail

L'élaboration du recueil

1.

Le dispositif du recueil

1. *Naissance et généalogie de la « chère petite brochure grise »*

Le Parti pris des choses tel qu'il paraît en 1942 aux éditions Gallimard dans la collection « Métamorphose » présente une particularité assez rare dans l'histoire de la poésie moderne — si l'on excepte le cas des recueils posthumes — puisque le poète ne saurait être considéré comme l'auteur du recueil. L'histoire complexe du *Parti pris des choses* invite à distinguer auteur des textes et auteur du recueil, en dissociant deux pratiques généralement confondues : l'écriture et la composition. Contrairement aux genres comme le roman, le théâtre et l'essai dont la progression narrative ou argumentative assure la cohérence, le recueil poétique ne prend sens qu'au regard du geste initial qui le fonde. En choisissant de réunir une série de textes épars, déjà publiés ou inédits, pour former un tout, le poète inscrit son écriture dans un projet. Bien que Francis Ponge soit le scripteur de chacun des textes qui constituent *Le Parti pris des choses*, c'est à Jean Paulhan, l'ami et éditeur, que reviennent les choix ultimes qui ont présidé à l'élaboration du recueil tel que nous le connaissons.

Initialement intitulé *Sapates*, le recueil conçu en 1937 est, en effet, très différent de celui qui paraît en 1942. La correspondance entre Francis Ponge et Jean Paulhan révèle un dialogue intense entre les deux hommes sur la forme et le contenu du futur livre, dont le titre définitif semble avoir été arrêté en 1939. L'influence de Jean Paulhan se traduit par une série de choix qui contribuèrent à unifier l'ensemble retenu, tant du point de vue de la forme (les poèmes versifiés sont éliminés) que du ton adopté. La réaction de Ponge, lorsque *Le Parti pris des choses* paraît enfin, après de nombreuses péripéties éditoriales, permet de mesurer la part que Jean Paulhan dut prendre à son élaboration. À la satisfaction du poète se mêle la gratitude du disciple qui déclare à son mentor : « (choix et arrangement y sont de toi excellents) », la « petite brochure grise [...] s'impose à moi chaque jour, après m'avoir surpris d'orgueil. Elle m'apprend plus sur moi-même et sur mon œuvre (à venir) que vingt années d'interrogations et de hérissements ». Véritable miroir offert au poète, le dispositif finalisé par Paulhan révèle donc plutôt qu'il ne trahit.

2. Des formes du recueil au recueil des formes

Ce dispositif est, en effet, des plus concertés. Les trente-deux textes qui se succèdent font entendre une série d'échos qui dépassent les simples liens thématiques, assurés notamment par les éléments naturels et l'humanisation des réalités décrites. Le patron syntaxique auquel obéissent la majorité des titres des poèmes (article défini + nom) assure en premier lieu l'unité du recueil en rappelant le modèle de l'herbier voire du *chosier*, livre-objet dans lequel chacun peut à son gré reconstituer un univers en miniature. Les phénomènes d'écho qui jalonnent les poèmes constituent un autre facteur d'unité, qu'il s'agisse d'autocitations, d'associations croisées ou de structures matérielles obsédantes. Si l'autocitation demeure rare (« L'on ne sort pas des arbres par des moyens d'arbres » p. 28 ; « L'on ne peut sortir de l'arbre par des moyens d'arbre », p. 66), les associations croisées sont, en revanche, plus nombreuses. La description du feu se clôt, par exemple, sur l'image d'une « rampe de papillons », tandis que le papillon devient, dans le texte qui lui est consacré, une « allumette volante », lors même que la bougie était assaillie au début du recueil de « papillons miteux ». « Le galet », qui fait figure de point d'orgue, est préparé par plusieurs allusions puisqu'il sert d'étalon à la description de l'huître (« l'huître, de la grosseur d'un galet moyen ») et recueille dans « Bords de mer » le flot de paroles que la mer expire en se retirant. Enfin, certaines structures matérielles — la texture de l'éponge ou la coquille du mollusque — reviennent avec une telle fréquence qu'elles inscrivent la question de la forme au cœur même de la structure du recueil.

Placé au centre du dispositif, « Escargots » exhibe une problématique essentielle, travaillée par les liens qui unissent la matière et la forme, le contenant et le contenu, et que l'on retrouve à travers l'orange et ses pépins, la croûte et la mie de pain, l'huître et la perle, ou encore le mollusque et sa coquille. Seul texte à être daté (« Paris, 21 mars 1936 »), « Escargots » prend ainsi valeur de manifeste du projet pongien par la place centrale qu'il occupe. Les occurrences du mot « forme » — dont le nombre s'accroît à mesure que l'on progresse dans la lecture — et de ses dérivés (« formation », « formule », « informe », « uniforme », « multiforme », « se former », « se transformer » ou encore « amorphe », construit à partir de l'étymon grec *morphos*) indiquent d'ailleurs à quel point la question esthétique sous-tend l'ensemble, qui se donne à lire comme une spirale aux cercles de plus en plus larges. Les textes les plus longs (« Faune et flore », « Le galet »), qui procèdent de la ramification proliférante tandis que les premiers procédaient d'un étoilement maîtrisé, sont, en effet, placés à la fin et participent d'un mouvement d'ouverture sur l'œuvre future (« Trop heureux seulement d'avoir pour ces débuts su choisir *le galet* » p. 89).

2.

La fabrique du texte

Il s'agit désormais de considérer, après avoir examiné quelques-uns des aspects du recueil, la manière dont se construisent les textes les plus emblématiques de la méthode pongienne, telle qu'elle se développera dans les recueils ultérieurs. *Le Parti pris des choses* représente, au sein de l'œuvre une première manière à laquelle Jean Paulhan devait reprocher son «infaillibilité un peu courte», désignant sans doute à travers ce jugement paradoxal le risque qui menaçait le poète de s'enfermer dans une écriture trop formelle. Bien que la transformation du texte clos et «rondement mené» en chantier proliférant ne devienne manifeste qu'avec la publication, en 1947, du *Carnet du bois de pins*, plusieurs caractéristiques de l'écriture pongienne sont déjà présentes dans *Le Parti pris des choses*.

1. «*Choisir des mots qui ajoutent à la pensée*»

Muni de ce qu'il nomme son «petit outillage minimum» — «l'alphabet, le Littré en quatre volumes et quelque vieux traité de rhétorique ou discours de distribution des prix» —, c'est en artisan du verbe et en explorateur du langage que Ponge aime à se représenter, les mots constituant à ses yeux «un monde concret, aussi dense, aussi existant que le monde extérieur». Bien que les textes du *Parti pris des choses* n'invitent pas encore à suivre le travail du poète en signalant les « mots cherchés après-coup dans Littré », une lecture attentive permet cependant de mesurer l'attention portée à l'étymologie et à l'épaisseur sémantique des mots. Les liens qui s'établissent entre étymologie et invention poétique sont loin d'être univoques. Plutôt que de trouver dans l'étymologie du mot vedette une source d'inspiration ou le point de départ d'une libre improvisation comme c'est le cas dans « Végétation », Ponge semble retrouver au cours des digressions facétieuses qui émaillent ses descriptions le lien implicite qui unit les choses aux mots et légitimer ainsi les valeurs morales dont il les investit. Le sens étymologique du verbe « s'humilier » (s'abaisser jusqu'au sol) permet, par exemple, de transformer une loi physique — la pesanteur — en loi morale et de faire de la servilité une caractéristique essentielle de l'eau, irrémédiablement attirée vers le sol. De même peut-on penser que l'étymologie de « monument » (ce qui rappelle le souvenir) fonde l'analogie entre l'architecture humaine et le coquillage qui devient ainsi un modèle de création esthétique opposé à la démesure de l'art monumental.

« Science nécessaire au poète », l'étymologie devient aussi un jeu de falsification jubilatoire lorsque est utilisée la proximité phonétique de certains mots pour fonder une étymologie toute personnelle. C'est le cas du dernier mot du recueil — « il s'empêtra » — dont Ponge fait mine de croire qu'il contient un lien originel et nécessaire avec la pierre — *petra* en latin — qu'il vient de décrire. La première partie de « L'orange » repose quant à elle sur une association entre « expression » et « oppression » que l'étymologie confirme, mais à laquelle le poète impose ses propres lois. Si l'«expression» peut désigner l'action d'extraire un liquide, l'«oppression» ne renvoie en aucun cas au fait d'être pressé comme semble l'indiquer le poème. Forgeant un nouveau sens de l'«oppression», parfaitement lisible pour le lecteur, Ponge convoque pourtant le sens politique qu'il superpose au sens matériel à peine inventé. L'amertume de l'orange se trouve ainsi motivée par l'oppression — autrement dit l'injustice — qu'elle subit chaque fois qu'on la presse, l'oppression devenant une conséquence de l'expression.

Bien que l'on possède très peu de versions manuscrites des textes du recueil, l'extrême attention accordée au choix des mots se laisse aisément deviner. L'étude des variantes montre que Ponge cherche souvent, lorsqu'il corrige son texte, à conforter la lecture allégorique et à en assurer la cohérence. Dans «Bords de mer», la substitution du verbe «corner» au verbe «cerner», dans la phrase «Tandis que l'air tracassé [...] ne feuillette pourtant et corne que superficiellement le volumineux tome marin», permet de filer la métaphore du livre du monde puisque «corner» renvoie spécifiquement à la page dont on replie un coin. De même, les flots au lieu de «s'évanouir» finiront-ils par «expirer», tandis que la parole qui leur est confiée sera «clamée» par gros temps plutôt qu'«accentuée». La voix, introduite sous le signe de l'excès ou du manque, se trouve replacée à l'horizon de la description comme pour opposer à la mythologie du poète inspiré et à sa «harangue grossière» l'humble parole du poète expirant. D'autres variantes, enfin, relèvent de la trouvaille poétique comme cette «impression panoramique» que donne la vue du pain et qui vient remplacer

« l'impression de grandeur géographique » initiale. Ponge semble faire du « panorama » un mot formé sur le latin *pan, panis* (« pain ») que l'on retrouve dans « pané, panure, panifier », alors qu'il s'agit en fait du préfixe grec *pan* qui signifie « tout ».

2. *« Pour se corriger, il faut ajouter »*

L'élaboration du texte, chez Ponge, ne peut se comprendre qu'au regard du travail de l'artiste dont l'œuvre achevée constitue bien souvent la conclusion d'une longue série d'études préparatoires. Aussi convient-il d'examiner quelques-uns des textes où se trouve en germe la méthode des dossiers chère au poète. Se fixant tel ou tel objet d'étude, Ponge établit des plans ou des thèmes à partir desquels il s'exerce, sur un mode proprement musical, aux variations les plus nombreuses. Bien que la plupart des textes du recueil revendiquent la sobriété du dictionnaire, l'économie de la fable et la concision de la formule, il arrive pourtant que le texte se ramifie au lieu de se résoudre. « Escargots », « De l'eau », « Faune et flore » et « Le galet », procèdent, en effet, d'un même principe de développement par bouturages. À l'image du botaniste qui emprunte à la plante l'un de ses fragments pour en créer une nouvelle, le poète développe son texte par la reprise de mots ou fragments identiques à partir desquels il reconstruit une nouvelle définition, cherchant à définir au mieux la « qualité différentielle » de l'objet et la leçon dont il est porteur.

Ainsi dans « Escargots » observe-t-on un grand nombre de reprises littérales et de flexions qui font du polyptote (utilisations du même mot dans des structures syntaxiques différentes) l'une des figures de rhétorique récurrentes de la création pongienne. Une formule utilisée par exemple au début du texte — « Il rentre aussitôt au fond de lui-même » — est une première fois reprise sous l'angle de la généralisation — « il est précieux [...] de pouvoir rentrer chez soi » — avant d'être replacée dans le discours direct de l'escargot — « pour rentrer en moi-même ». Le rapport de l'escargot à la terre est l'occasion par ailleurs de nombreuses reformulations : « ils avancent collés à elle de tout leur corps » donne le *la* dans le premier paragraphe, disparaît ensuite, puis reparaît au dixième paragraphe où sont convoqués l'ensemble des dérivés du verbe « coller » (p. 32-33). Abandonné de nouveau, le motif est repris un paragraphe plus loin : « il colle si bien à la nature », « il est l'ami du sol qu'il baise de tout son corps ». La répétition peut également prendre une forme thématique : « le bec des volatiles » qui menace les escargots trahis par leur « sillage argenté » (p. 33) est en effet de nouveau convoqué, puisque la « trace » brillante des escargots « les désigne au ravisseur (au prédateur) » (p. 34).

Dans « Faune et flore », la comparaison des végétaux avec les animaux crée dans la première partie du texte un véritable effet de balancier. Amorcée dès le premier paragraphe, la comparaison est largement développée dans la première séquence, sous une forme uniformément négative. Or, la sixième séquence semble faire table rase de la première et réélaborer à nouveaux frais la comparaison initiale, comme s'il s'agissait de réinventer sans cesse le texte : « Parmi les êtres animés on peut distinguer ceux dans lesquels [...] et ceux dans lesquels [...] ». La comparaison devient d'ailleurs implicite, puisqu'on assiste plutôt à une présentation des catégories du vivant en présence dans la nature. Si les végétaux étaient présentés, dans la première séquence, comme dénués de « soucis alimentaires ou domiciliaires », le texte propose avec la sixième séquence le renversement de la proposition initiale : ainsi, les animaux, « une fois libérés de l'obligation de grandir », « *s'expriment* de plusieurs façons, à propos de mille soucis de logement, de nourriture ».

Les textes les plus longs permettent donc d'appréhender, une fois le recueil fini, les traces de débuts avortés ou prolongés, le poète laissant délibérément visibles les empreintes de ses pas. Or, il existe parfois pour un même texte d'innombrables versions. *La Crevette dans tous ses états,* publié en 1948, livre au lecteur une vision tout autre de « La crevette » du *Parti pris des choses,* le poème ne représentant plus que la dernière partie d'un ensemble d'une quinzaine de pages. En publiant *La Fabrique du pré* en 1971 et *Comment une figue de paroles et pourquoi* en 1977, Ponge devait enfin révolutionner la définition du poème puisque les brouillons et l'exploration des mécanismes poétiques allaient former la matière d'une œuvre nouvelle.

Groupement de textes

Cosmogonies poétiques

LA SCIENCE EXPLIQUE LA NATURE, la poésie
l'exprime. Ainsi s'établit généralement le partage
entre discours de savoir et discours d'imagination.
Un simple coup d'œil sur l'Histoire suffit pourtant à
démentir un tel clivage. Nombreux furent dans l'histoire de la pensée ceux qui, comme Empédocle,
Héraclite, Lucrèce ou, plus près de nous, Goethe,
Novalis et Valéry, abordèrent de front la poésie, la
philosophie et la science. Il va sans dire que la
volonté d'expliquer le monde précède de loin les
entreprises de rationalisation et de systématisation
dont la science antique fournit les premiers modèles.
Les mythes se chargèrent ainsi très tôt de satisfaire
en l'homme son besoin d'interpréter le monde par
l'invention de récits fondateurs. Initialement reliées
à la pensée mythique, les cosmogonies se situent au
croisement de la science et du mythe dans la mesure
où elles fournissent une théorie d'ensemble capable
d'expliquer la formation de l'univers et non, comme
c'est le cas du mythe, la raison de tel ou tel phénomène singulier. Les cosmogonies antiques furent à
l'origine de nombreuses représentations de l'univers : la théorie des quatre éléments (la Terre, l'Eau,

l'Air, le Feu) formulée par Empédocle influença, par exemple, bon nombre de poètes, longtemps après que la science en eut invalidé les principes.

Quelle que soit la visée des cosmogonies, toutes se proposent de répondre à la question de l'origine par un récit de la formation de l'univers et une description raisonnée des phénomènes qui la composent. Devenue, comme l'histoire naturelle, un genre littéraire dont les poètes et les philosophes surent tirer divers partis, la cosmogonie permet de penser l'origine des phénomènes dans un temps mythique qui autorise toutes les fantaisies, mais elle offre surtout de nouvelles possibilités d'interprétations en mettant au jour des forces créatrices insoupçonnées qui rappellent, implicitement, les enjeux de la création poétique. Tandis que l'histoire naturelle s'élabore à partir d'une description minutieuse des différentes espèces et de leurs caractéristiques différentielles, la cosmogonie se veut d'emblée totalisante, fondée sur un récit qui emprunte à la fois à l'épopée et à la fable, par la grandeur des forces qui s'affrontent et la réflexion morale qui sous-tend les transformations de la matière.

Bien que les textes du *Parti pris des choses*, où se cherche et s'invente un nouveau mode de connaissance de la nature, se rapprochent davantage de la description analytique de l'histoire naturelle que de la narration dramatisée de la cosmogonie, la question de l'origine se pose au moment même où s'achève le recueil. « Le galet » se distingue, certes, par sa longueur, mais aussi par sa volonté affichée de « remonter plus loin même que le déluge », jusqu'à « l'origine du gris chaos de la Terre ». La lente désagrégation de l'élément minéral prend dès lors les allures d'une geste héroïque et l'on assiste, sur fond d'« explosions », de « torsions et de plis » et de « refroidissement » au démembrement du « corps fabuleux » d'un « aïeul énorme » dont ne subsiste plus que « l'ossature sacrée ». Suivant le modèle des cosmogonies antiques, Ponge attribue à l'élément minéral un rôle fondamental dans la formation de l'univers, faisant dériver l'ensemble des phénomènes vitaux des aléas de la pierre. Il oppose au cycle de la matière vivante la mort lente de la pierre et renoue avec la question du devenir qui était au centre de la philosophie antique.

Dès 1933, Ponge écrivait dans « L'introduction au "galet" » qui devait servir de préface au recueil : « Je voudrais écrire une sorte de *De natura rerum* », avant d'ajouter : « Ce ne sont pas des poèmes que je veux composer, mais une seule cosmogonie. » Ainsi découvre-t-on que, loin d'être inconsciente, la filiation avec les cosmogonies antiques fut très tôt revendiquée dans l'œuvre du poète. Le poème de Lucrèce contient en effet, outre un exposé de la doctrine matérialiste d'Épicure, l'une des cosmogonies les plus célèbres qui devait opposer aux interprétations surnaturelles un système capable d'expliquer la naissance de l'univers sans l'intervention des dieux. Les hymnes des *Quatre saisons de l'an*, publiés en 1563 par Ronsard s'inscrivent dans un tout autre contexte, l'humanisme de la Renaissance, qui renoue avec l'héritage antique et les mythes gréco-latins. Loin de chercher à rationaliser l'existence des cycles cosmiques à travers une interprétation physique des phénomènes de la nature, Ronsard fonde quant à lui sa cosmogonie sur une dramaturgie des passions dans la tradition des *Métamorphoses* ovidiennes. La *Petite cosmogonie portative* de Raymond Queneau, publiée en 1950, renvoie également à l'héritage antique d'une poésie savante imprégnée de mythes et travaillée par la question de l'origine, mais sous un angle résolument moderne, puisque c'est en mimant la naissance du langage que le poète donne à voir la naissance de l'univers. « Le règne végétal », écrit par Benjamin Péret en 1958 expose enfin dans un conte surréaliste la naissance de la végétation sous la forme d'un récit héroï-comique qui fonde, comme le faisaient les mythes antiques, la nature des choses sur un conflit originel, la carotte et le navet ayant remplacé Zéphire et Jupiter. Qu'il s'agisse donc de célébrer l'ordre de la nature, d'en définir les lois ou de les parodier, les cosmogonies posent autant de questions qu'elles paraissent en résoudre. Au-delà de la formation de l'univers, c'est bien l'invention de la fable qui se trouve désignée, comme pour rejouer indéfiniment la naissance du texte.

LUCRÈCE (Ier siècle avant J.-C.)
De la nature, chant V

(Trad. du latin par Alfred Ernout,
« Tel » no 167, Gallimard)

Composé de six livres, le De natura rerum *(« De la nature ») se présente d'abord comme un exposé didactique de la physique atomiste fondée par Démocrite et entend, à terme, fonder une nouvelle morale. Il s'agit pour Lucrèce de convaincre son lecteur que les dieux ne sont pour rien dans la création de l'homme et du monde et de le libérer ainsi de vaines croyances. C'est dans le cinquième livre que Lucrèce donne à voir la création de l'univers, confirmant par la représentation la théorie développée aupara-*

vant. Le texte qui suit décrit le mode d'engendrement des différentes espèces vivantes, depuis l'apparition des végétaux jusqu'à la naissance des espèces animales sur un mode à la fois argumentatif et poétique. Bien que l'anatomie humaine soit sans cesse convoquée pour penser le développement des premiers organismes, et que la personnification de la Terre mère rattache le poème de Lucrèce aux mythes dont il entend se défaire, l'introduction des « matrices » et la prise en compte de paramètres physiques (chaleur, humidité) permet néanmoins au poète de proposer l'une des premières interprétation matérialistes de la création du monde.

[...] maintenant, dis-je, je reviens au temps où le monde était dans sa nouveauté, où la terre était encore molle, et je dirai quelles productions nouvelles elle décida de faire naître pour la première fois aux rivages de la lumière, et de confier aux caprices des vents.

Produisant d'abord les herbes de toute espèce et la verdure éclatante, la terre en couvrit les collines et par toutes les plaines, les prés fleuris brillèrent d'un éclat verdoyant; puis les diverses sortes d'arbres purent s'élancer à l'envi dans les airs, sans frein ni rênes pour brider leur croissance. Et, comme les plumes, les poils, les soies sont les premiers à pousser sur les membres des quadrupèdes ou sur le corps des oiseaux, ainsi la terre dans sa nouveauté commença par faire pousser les herbes et les arbrisseaux, pour créer ensuite les espèces vivantes, qui naquirent alors en grand nombre, de mille manières, sous des aspects divers. Car ni les animaux ne peuvent être tombés du ciel, ni les espèces terrestres être sorties des profondeurs de la mer : reste donc à admettre que la terre mérite bien le nom de mère qu'elle a reçu, puisque c'est de la terre que proviennent toutes les créatures. Du reste, même encore de nos jours, on voit sortir de terre de nombreux animaux engendrés par les pluies et la chaleur du soleil : quoi d'étonnant dès lors qu'à cette époque des espèces plus nombreuses et plus grandes aient pu naître de toutes parts, alors qu'elles grandissaient dans la pleine nouveauté de la terre et du ciel ?

Tout d'abord les espèces ailées, les divers oiseaux quittaient leurs œufs éclos à la température printanière, comme de nos jours encore les cigales en été abandonnent d'elles-mêmes leurs rondes tuniques pour chercher leur nourriture et leur vie. C'est alors, sache-le, que la terre commença de produire les espèces vivantes. En effet, la chaleur et l'humidité se trouvaient en abondance dans les campagnes. Aussi, partout où la disposition des lieux s'y prêtait, il poussait des matrices[1] fixées à la terre par des racines ; et quand, le terme venu, ces matrices s'étaient ouvertes sous l'effort des nouveau-nés avides de fuir leur humidité et de gagner l'air libre, la nature dirigeait vers eux les canaux de la terre qu'elle forçait à leur verser par leurs orifices un suc semblable au lait : ainsi maintenant toute femme après l'enfantement se remplit d'un doux lait, parce qu'alors tout l'élan des aliments se porte vers les mamelles. La terre donnait aux enfants la nourriture, la chaleur leur tenait lieu de vêtement, l'herbe leur fournissait un lit à l'épaisse et molle toison. Du reste, la jeunesse du monde ne produisait encore ni froids rigoureux, ni chaleurs excessives, ni vents trop violents : car tout s'accroît et se fortifie suivant une marche égale.

---

1. Le mot désigne en latin l'utérus.

Pierre de RONSARD (1524-1585)

« Hymne du printemps » (1563)

Les Hymnes

(Orthographe modernisée,
« Bibliothèque de la Pléiade » n° 46)

*Ayant déjà acquis une solide renommée parmi les poètes
de la Pléiade avec ses* Odes *et ses* Amours, *Ronsard
choisit à partir de 1555 de se mesurer à la poésie scientifique et philosophique dont l'Antiquité continue de fournir
le modèle et à laquelle certains poètes contemporains comme
Maurice Scève ou Jean Antoine de Baïf viennent de redonner vigueur. L'hymne, généralement tourné vers l'éloge des
dieux ou des héros, est pour Ronsard l'occasion de célébrer
la création divine par le détour d'une mythologie inventée,
inspirée des modèles latins. Loin de vouloir exposer sous le
voile de la fable une doctrine savante, Ronsard utilise le
pouvoir allégorique du mythe pour suggérer les mystères de
l'ordre divin et le passage du chaos (le « discord ») à l'harmonie, sans négliger la diversité du monde. Le début de
« L'hymne du printemps » présente l'apparition des cycles
cosmiques sous la forme d'un récit épique où s'affrontent
les dieux, mus par la concupiscence et l'envie. La nymphe
Flore, pourtant protégée par Amour et Vénus, est ainsi
ravie par Zéphyre qui la livre au Printemps, son amant.
Jupiter, cependant, ne tarde pas à prendre ombrage d'une
telle union et mutile son rival. De ce corps démembré naissent alors les saisons.*

Un jour qu'elle[1] dansait Zéphyre l'épia,
Et tendant ses filets, la prit et la lia
En ses rets enlacés, et jeune et toute belle
Au Printemps la donna qui languissait pour elle.
Sitôt que le Printemps en ses bras la reçut,

---

1. La nymphe Flore.

Femme d'un si grand Dieu, fertile elle conçut
Les beautés de la terre, et sa vive semence
Fit soudain retourner tout le Monde en enfance.
Alors d'un nouveau chef[1] les bois furent couverts,
Les prés furent vêtus d'habillements tous verts,
Les vignes de raisins : les campagnes portèrent
Le froment qu'à foison les terres enfantèrent,
Le doux miel distilla du haut des arbrisseaux,
Et le lait savoureux coula par les ruisseaux.
Amour qui le Printemps son ami n'abandonne,
Prit l'arc dedans la main, son dos il environne
D'un carquois plein de traits[2], puis alla dans la mer
Jusqu'au centre des eaux les poissons enflammer,
Et malgré la froideur des plus humides nues
Enflamma les oiseaux de ses flammes connues :
Alla par les rochers et par les bois déserts
Irriter la fureur des sangliers et des cerfs,
Et parmi les cités aux hommes raisonnables
Fit sentir la douleur de ses traits incurables :
Et en blessant les cœurs d'un amoureux souci,
Avecques[3] la douceur mêla si bien aussi
L'aigreur, qui doucement coule dedans les veines,
Et avec le plaisir mêla si bien les peines,
Qu'un homme ne pourrait s'estimer bienheureux,
S'il n'a senti le mal du plaisir amoureux.
Jupiter s'alluma d'une jalouse envie
Voyant que le Printemps jouissait de s'amie[4] :
L'ire le surmonta[5], puis prenant le couteau
Dont naguère il avait entamé son cerveau
Quand il conçut Pallas la Déesse guerrière[6],

---

1. Coiffure, coiffe.
2. Flèches. Amour (Cupidon ou Éros) est généralement repré-
senté sous les traits d'un enfant armé de flèches ou de torches.
3. Orthographe ancienne ici indispensable pour respecter le
rythme de l'alexandrin.
4. Son amie.
5. La colère le prit.
6. Pallas (Athéna) aurait été avalée par Jupiter (Zeus) tandis
qu'elle était encore dans le ventre de sa mère. Pris un jour d'un

Détrancha le Printemps, et sa saison entière
En trois parts divisa : adonques[1] vint l'Été
Qui halla[2] tout le Ciel : et si ce n'eût été
Que Junon envoya Iris sa messagère,
Qui la pluie amassa de son aile légère,
Et tempéra le feu de moiteuse froideur,
Le Monde fût péri d'une excessive ardeur.
Après l'Automne vint chargé de maladies,
Et l'Hiver qui reçut les tempêtes hardies
Des vents impétueux, qui se bouffent[3] si fort
Qu'à peine l'Univers résiste à leur effort
Et couvrirent, mutins, la terre pêle-mêle
De pluies, de glaçons, de neiges et de grêle.

Raymond QUENEAU (1903-1976)

« Deuxième chant » (1950)

Petite cosmogonie portative

(« Poésie/Gallimard » n° 27)

Davantage connu pour ses romans burlesques (Zazie dans le métro) *ou pour ses expérimentations facétieuses* (Exercices de style) *que pour son œuvre poétique, Raymond Queneau semble avoir été soucieux d'intégrer dans son œuvre les langages et les savoirs les plus divers. Mathématicien et lexicologue érudit, il fut l'un des fondateurs de l'Oulipo — avant-garde littéraire qui devait paradoxalement renouveler l'écriture poétique en choisissant d'en augmenter les contraintes — et dirigea pendant près de trente ans un vaste projet encyclopédique pour les éditions*

---

violent mal de tête, Jupiter aurait demandé à Vulcain (Héphaïstos) un outil pour se fendre le crâne, d'où devait sortir toute armée Pallas, la déesse de la guerre.

1. Ainsi.
2. Échauffa.
3. S'enflent.

Gallimard. En intitulant Petite cosmogonie portative *ce qui se donne au contraire comme une épopée de l'humanité et de la connaissance, Queneau place son projet sous le signe de l'humilité et le transforme en objet familier, ironique vade-mecum à l'usage de l'homme moderne. Divisé comme le poème de Lucrèce en six chants, la cosmogonie inventée par Queneau retrace les origines de l'univers depuis la naissance de l'atome jusqu'à l'apparition de la machine à calculer, en disloquant l'alexandrin classique à mesure qu'il décompose l'univers. Les néologismes, les répétitions et l'introduction d'un vocabulaire savant donnent à cette nouvelle genèse un aspect déconcertant, mais permettent également d'inscrire dans la forme du texte les balbutiements d'une matière élémentaire qui peu à peu s'anime. Suggérée, annoncée, guettée, mimée, la naissance de la vie finit par se réaliser, à la faveur d'un brusque changement de temps :* « une bête viendra », « elle est là ».

le limon se répand le limon s'ingurgite
le limon se détend le limon précipite
le limon se tartine et le limon respire
le limon dégouline et le limon fleurit
le bulbe d'une bulle écosse sa pochette
d'air La terre se meut Le limon se craquèle
Soudain le duvet bruit Le limon se cisèle
Soudain le duvet bruit La terre se démène
Le duvet dans le vent lance ses postillons
larousse[1] ingurgité tout champignon qui sème
s'aime en sèche onanie[2] et spore aux horizons
lichen algues de terre et mousse des montagnes
[...] nul encore ne vole
au-dessus du duvet qui bruit anisoscèle[3]
et nul encore ne vèle et nul n'use ses ailes

---

   1. Référence à l'emblème du dictionnaire Larousse, la semeuse qui disperse les ferments de la connaissance.

   2. Néologisme formé sur « onanisme » semblant désigner une contrée.

   3. Variété d'insecte portant à la fois des ailes et des pattes, mais

car seul bruit le duvet qui chante et qui verdit
sur la croûte incertaine oscillante attiédie
Quand la fleur brûlera les laves authentiques
quand les couleurs viendront injecter de leurs dons
les membres écartés autour des génésions
quand sur la terre enfin la teinte aromatique
apportera les tons inouïs des minéraux
quand le spectre odorant du luxe anthologique
barbouillera joyeux pétales et pétaux[1]
quand la palette idoine aux jeux herboristiques
multiplîra[2] ses sons pour des corolles pures
une bête viendra pour poser ses pattes sèches
sur le sexe parti des échos arc-en-ciel
une bête elle est là gigotant dans le bleu
une bête elle est là saute et volette
une bête elle est là molle et poussant ces yeux
[...] elle vient de l'abîme et sort de l'océan
elle vient de la terre et sort des atmosphères
tièdes pour déployer ses généalogies
au-delà du gotha des classifications
déjà tant derrière elle Une bête est ici
Les fleurs parfums des algues constellationnaires[3]
étalent la densité de leurs éclosions
tandis que l'animal se hisse anthropoaire[4]
de l'atoll glavioteux aux organisations
tandis que l'animal se hisse myrmigène[5]
du crachat tremblotant aux chitinisations[6]

Queneau semble plutôt forger ici le contraire d'« isocèle » : « qui a les jambes égales ».

1. Pluriel inventé sur le modèle « cheval, chevaux ».
2. Graphie faussement savante.
3. Adjectif forgé : propre aux constellations.
4. Adjectif forgé : animal ressemblant presque à un homme.
5. Adjectif forgé : qui engendre des fourmis.
6. Formation de la substance qui constitue la membrane des insectes et des crustacés.

Benjamin PÉRET (1899-1959)

« Le règne végétal » (1958)

Histoire naturelle

(José Corti)

*Poète et conteur, Benjamin Péret est l'un des écrivains
surréalistes les plus emblématiques de la violence et de la
fantaisie qui animèrent alternativement l'esprit du groupe.
Fasciné par les mythes d'Amérique découverts pendant
l'exil des années 1940, Péret publie en 1958 une série de
contes réunis sous le titre* Histoire naturelle. *Décrivant
tout d'abord dans un véritable pastiche du discours naturaliste les différentes réalisations de la matière organisée
(« Les Quatre éléments »), il présente ensuite dans « Le
règne minéral » la naissance des diverses variétés de minéraux comme l'issue d'une querelle burlesque mettant aux
prises les quatre éléments. « Le règne végétal » poursuit sur
le même registre cette cosmogonie surréaliste en introdui-
sant dans un univers, encore dominé par la pierre, le
grain de sable qui va dérégler la belle Nature : un brin
d'herbe. C'est de ce brin d'herbe, transformé en héros fonda-
teur, que va naître la lignée végétale, non sans avoir
engendré auparavant le plus grand désordre.*

Le brin d'herbe, étincelle surgie du choc de deux
cailloux, se regarda de la tête aux pieds et dit à
mi-voix : « Je suis beau, mais à quoi bon puisque
je suis seul. Il faut que cela change et qu'on me
contemple. » Et il se tordit, se noua et se dénoua
jusqu'à ce qu'une minuscule partie de lui-même, se
détachant, fût emportée par le vent qui la déposa
sur une plaque de mica. Le mica se secoua de toutes
ses forces comme si quelque chose le piquait ou
le brûlait jusqu'à ce que le brin d'herbe expulsé
retombât sur le sol, non sans entraîner une parti-
cule de mica. Et la citrouille apparut, se gonfla, se

dégonfla, se regonfla. Et le brin d'herbe, contemplant son œuvre, pensait : «Encore un soleil qui se couche ! »

Sur ces mots il s'endormit, épuisé par sa première journée de vie. Cependant, durant son sommeil, tout s'agitait autour de lui. Les silex aux prunelles veloutées, les quartz solennels, les marbres hypocrites, les jades rêveurs, tous venaient, lentement, avec des précautions d'apache, contempler ce nouveau venu qui se permettait d'onduler, de faire des grâces, de cligner de l'œil sans y être invité. Le jade, le premier, osa le toucher, oh ! imperceptiblement : il avait cru reconnaître un membre de sa famille. Ce fut assez pour qu'un courant électrique le traversât, donnant naissance au cerisier qui, vite, se dressa sur ses échasses et laissa amoureusement pendre ses fruits. Plus audacieux, un débris de fonte promena sa main de haut en bas sur le brin d'herbe et en dégagea aussitôt des lueurs violettes qui, à pas menus mais rapides, s'enfuirent pour disparaître un peu plus loin dans le sol. Quelques instants plus tard, de cet endroit naissait l'artichaut qui s'éleva bientôt jusqu'à dix mètres de hauteur puis, notant son erreur, redescendit prudemment jusqu'à atteindre sa taille normale. Pendant ce temps, une opale s'élançait sur le brin d'herbe, l'enlaçait avec fougue, lui déposant un long baiser sur les lèvres, sans réussir cependant à le réveiller, mais le chêne sortait de terre.

Chronologie

Francis Ponge et son temps

1.

La formation d'une identité plurielle
(1899-1923)

Né en 1899 à Montpellier d'une famille protes-
tante d'origine nîmoise, Francis Ponge aime à
considérer la ville de Nîmes, où Armand et Juliette
Ponge emménagent peu après sa naissance, comme
le véritable lieu de ses origines. La famille quitte
pourtant Nîmes un an plus tard, pour s'installer en
Avignon où Armand Ponge est nommé directeur de
l'agence du Comptoir national d'escompte de Paris.
En 1901, naît Hélène Ponge, qui occupera une place
importante dans la vie affective du poète. L'enfant
grandit ainsi entre Nîmes et Avignon, s'imprégnant
à la fois des paysages contrastés de la Provence dont
les jardins de La Fontaine à Nîmes offrent l'archétype et de l'histoire grandiose des deux cités. En
1909, la famille déménage à nouveau et quitte définitivement la Provence pour la Normandie, où
Armand Ponge vient d'être nommé.

Si l'arrivée à Caen constitue un dépaysement que

l'on ne saurait réduire à un simple changement de climat, la ville offre à l'imaginaire du jeune adolescent un passé mythique tout aussi riche que la cité des Papes, puisqu'en elle survit la gloire du royaume normand dont elle fut un temps la capitale. Francis Ponge poursuit au lycée Malherbe une scolarité qui permet de distinguer chez l'adolescent passionné par le latin et l'histoire romaine des qualités littéraires certaines. C'est pendant cette période, comme le poète aime à le raconter, que se construit l'admiration fervente pour Malherbe, véritable génie du lieu dont la ville garde l'empreinte. Armand Ponge, musicien et lettré, constitue un relais essentiel dans la formation artistique du jeune homme, très tôt initié à la musique et à la littérature classique grâce à la bibliothèque familiale.

Tandis qu'il achève ses études secondaires, le jeune homme décide de s'engager dans l'armée, mais une crise d'appendicite l'empêche de mener à terme cet élan patriotique. Il obtient quelques mois plus tard, en juillet 1916, le baccalauréat latin-sciences-philosophie avec la mention très bien et choisit de poursuivre ses études à Paris. Inscrit en hypokhâgne au lycée Louis-le-Grand, Francis Ponge publie dans une revue confidentielle son premier poème, sobrement intitulé « Sonnet ». S'adaptant mal aux exigences d'une formation contraignante, l'étudiant rejoint la Sorbonne l'année suivante, assiste aux cours de la faculté de droit et participe à quelques manifestations politiques. En 1918, l'étudiant subit son premier échec à l'oral de la licence de philosophie, comme paralysé devant la nécessité d'exprimer publiquement et oralement sa pensée. Mobilisé quelques mois avant la fin de la guerre, il connaît des problèmes de santé qui le tiendront une fois encore éloigné des combats. L'expérience de la vie militaire n'en reste pas moins une profonde source de désarroi pour le jeune homme qui, à peine démobilisé, échoue à l'oral d'entrée de l'École normale supérieure. Ayant rompu provisoirement avec sa famille, Francis Ponge entame alors une vie de bohème et explore l'univers parisien, prenant une conscience de plus en plus vive des réalités sociales. Après avoir abandonné ses études, il renoue avec d'anciens camarades du Centre pour étudiants mobilisés à Strasbourg, Jean Hytier et Gabriel Audisio, auxquels il confie ses premiers textes en prose, publiés dans la revue *Le Mouton blanc*. En 1923, il rencontre Jean Paulhan, alors secrétaire de la *Nouvelle Revue française* (*NRF*), à qui il vient d'envoyer ses « Trois satires ». C'est le début d'une amitié durable entre les deux hommes, compliquée cependant par le rapport de pouvoir qui s'installe d'emblée entre le mentor et son disciple. Engagé comme secrétaire à la fabrication de la *NRF* et sur le point d'être publié dans la prestigieuse revue, Francis Ponge doit alors affronter la perte de son père.

1905	Séparation de l'Église et de l'État.
1913	Proust, publication du premier tome d'*À la recherche du temps perdu : Du côté de chez Swann*.
1914	Attentat de Sarajevo, début de la Première Guerre mondiale.
1917	Révolution d'Octobre en Russie.

2.

L'écriture clandestine (1924-1942)

La mort du père correspond chez Francis Ponge à une perte de confiance dans les vertus du langage, comme en témoignent les textes écrits pendant cette période, et qui seront publiés tardivement dans *Proêmes* en 1948. Le projet du *Parti pris des choses* naît au printemps de la même année : il signe la fin d'une crise et correspond à une réorientation de l'inspiration vers le monde extérieur. Bien qu'il soit jusqu'alors resté en retrait du mouvement surréaliste, il apporte en 1930 son soutien à André Breton et adhère un temps aux idées du groupe tout en préservant son indépendance. Son mariage avec Odette Chabanel, en 1931, achève de l'éloigner des activités surréalistes puisqu'il se voit confronté à la nécessité de trouver un emploi pour assumer les besoins du ménage. Employé de 1931 à 1937 aux Messageries Hachette qui se chargeaient de la distribution et du transport de la presse quotidienne, Ponge découvre alors les difficultés de la vie ouvrière. Cette prolétarisation a pour effet d'aviver sa conscience politique, comme en témoignent son engagement syndical lors des grèves du Front populaire et son adhésion au parti communiste en 1937.

Bien que de telles conditions de travail ne lui permettent de se consacrer à l'écriture qu'une demi-heure par jour, Ponge publie entre 1932 et 1936 plusieurs des textes qui formeront *Le Parti pris des choses*. La naissance de sa fille Armande, en 1935, et l'agitation sociale croissante coïncident chez Ponge avec le désir de plus en plus vif de lutter contre la déshumanisation des conditions de travail et de rompre avec un système qu'il considère comme une forme d'esclavage moderne. Licencié en 1937, il se reconvertit dans les assurances en 1938 et achève dans le même temps *Le Parti pris des choses*, dont Gallimard doit assurer la publication.

Mobilisé au début de la guerre, il est démobilisé l'été suivant avec le début du régime de Vichy et se réfugie près du Chambon-sur-Lignon, village protestant des Cévennes où il se rend régulièrement depuis 1925. C'est là qu'il rédige *Le Carnet du bois de pin* qui inaugure une écriture nouvelle, proche du journal poétique. Il s'installe ensuite à Roanne où il renoue avec le « souci littéraire ». La publication du *Parti pris des choses* ne cesse cependant d'être retardée et se trouve mise en péril lorsque Jean Paulhan, responsable de la collection dans laquelle doit paraître le recueil, annonce à Francis Ponge que le manuscrit a disparu. Après un étrange coup de théâtre, le recueil finit par paraître, en mai 1942, tandis que Ponge travaille parallèlement pour le journal *Le Progrès de Lyon*.

1924	*Manifeste du surréalisme.*
1929	*Second Manifeste du surréalisme.*
1933	En Allemagne, victoire d'Hitler aux élections.
1936	Victoire du Front populaire. Début de la guerre civile en Espagne.
1940	Invasion de la France par l'Allemagne.

3.

L'écriture libérée (1943-1961)

La disparition du *Progrès de Lyon*, avec l'entrée des Allemands en zone libre, rend Ponge disponible pour de nouvelles activités. Il devient « voyageur politique » au service de la Résistance, chargé officiellement de représenter diverses revues littéraires auprès des libraires. La résistance de Ponge, si elle devient active, n'empiète pourtant pas sur son travail d'écriture : d'une part, il se réserve le temps d'écrire, de l'autre il refuse de soumettre son écriture au lyrisme patriotique dont la poésie d'Aragon et Éluard offre le modèle. Ponge fréquente, à partir de 1943, le milieu intellectuel dont il s'était jusqu'alors tenu éloigné et fait la connaissance d'Albert Camus, puis de Raymond Queneau. De retour à Paris en 1944, il se voit confier la direction des pages culturelles du journal communiste *Action*, qu'il quitte en octobre 1946. L'article que Jean-Paul Sartre consacre au *Parti pris des choses* en décembre 1944 traduit la reconnaissance du poète qui doit cependant résister aux diverses tentatives de récupération de son œuvre. Ponge rencontre de nombreux peintres (Fautrier, Braque, Dubuffet, Picasso, Giacometti) avec lesquels il travaillera par la suite en étroite collaboration, les écrits sur l'art représentant désormais une partie importante de son œuvre. Les années de l'après-guerre correspondent à un changement de statut du poète, désormais sollicité par les milieux intellectuels, artistiques et universitaires ; mais la consécration des élites est loin de s'accompagner d'une reconnaissance publique et les difficultés financières persistent.

Devant l'évolution du régime stalinien, Ponge quitte le Parti communiste en 1947 et rédige une série de textes où s'établit un dialogue critique avec l'idéologie communiste contemporaine. Après un séjour de quelques mois en Algérie (décembre 1947-février 1948), pendant lequel il rédige des textes critiques importants, Ponge alterne les publications d'écrits déjà anciens (*Le Carnet du bois de pins*, 1947 ; *Proêmes*, 1948 ; *La Rage de l'expression*, 1952) et de textes récents (*Le Peintre à l'étude* et *Le Verre d'eau*, 1948). Tandis que l'œuvre prend peu à peu une nouvelle direction, il est nommé professeur à l'Alliance française en 1952 et parcourt bientôt l'Europe entière pour donner une série de conférences. Les années 1950 sont marquées par un projet ambitieux auquel Ponge consacre tous ses efforts, projet qui ne verra cependant le jour qu'en 1965 avec *Pour un Malherbe*. Entre-temps, il semble avoir différé toute publication de grande ampleur puisque seuls quelques textes isolés, publiés sous forme de plaquettes, voient le jour. Sa rencontre avec un jeune poète, Philippe Joyaux (le véritable nom de Philippe Sollers), en octobre 1955, le place pour la première fois en position de mentor. Lorsque le jeune homme décide de créer, en 1960, la revue *Tel quel*, Ponge voit là l'occasion de sortir de sa réserve et de soutenir, trente ans après l'expérience surréaliste, un groupe de jeunes intellectuels soucieux d'échapper à l'alternative sclérosante du surréalisme et de la littérature engagée. La publication, quelques mois plus tard, du *Grand Recueil*, œuvre monumentale composée de trois volumes (*Lyres*, *Méthodes*, *Pièces*), transforme la

perception que le public pouvait avoir de l'écrivain
en dévoilant une écriture inépuisable.

1944	Débarquement américain en Normandie.
1946	Début de la guerre d'Indochine.
1954	Début de l'insurrection en Algérie.
1956	Début de la déstalinisation.
1958	Naissance de la Ve République en France.

4.

L'écriture en miroir (1961-1988)

Les années 1960 correspondent à un double
mouvement d'ouverture et de repli. C'est en
effet le moment où Ponge accède pleinement à la
reconnaissance publique et semble faire école en
fédérant autour de son nom la nouvelle avant-garde
intellectuelle. Sa collaboration avec les animateurs
de la revue *Tel quel* s'explique tout d'abord par une
communauté de points de vue : refus de subor-
donner la littérature aux idéologies régnantes et
désir d'approfondir le rapport au réel par un exercice réfléchi du langage. La rupture va naître d'un
différend à la fois politique et théorique : amorcée
en 1968, elle sera entérinée en 1974.

Ponge se rapproche alors du gaullisme avec lequel
il partage désormais certaines valeurs, comme le
désir de préserver l'héritage de la civilisation française et d'établir entre le politique et le poétique
une complicité féconde. Il démissionne de l'Alliance
française en 1965 et obtient, grâce au soutien

d'André Malraux alors ministre de la Culture, une pension mensuelle. *Pour un Malherbe* et *Tome premier*, qui traduit la volonté de constituer les recueils déjà publiés en « œuvre », paraissent la même année. Ponge séjourne alors aux États-Unis pour une série de conférences et au Canada avant d'enseigner l'année suivante à l'université de Columbia. Il réunit en 1967 une partie de ses textes encore épars dans *Le Nouveau Recueil* et publie *Le Savon*, qui témoigne à nouveau de l'inventivité du poète, endeuillé toutefois en 1968 par la perte successive de sa sœur Hélène et de son ami Jean Paulhan.

Les années qui suivent sont marquées par une intense activité : Ponge donne des conférences dans le monde entier, récolte de nombreux prix et côtoie les élites artistiques et intellectuelles. Conformément à la pratique initiée au début des années 1940, il privilégie de plus en plus la publication de textes qui rendent compte de la genèse de son œuvre (*La Fabrique du pré*, 1971 ; *Comment une figue de paroles et pourquoi*, 1977). Ponge n'abandonne pas pour autant sa réflexion sur les peintres et réunit en 1977 ses écrits sur l'art dans *L'Atelier contemporain*. Il rédige la même année un texte commandé pour l'inauguration du centre d'art moderne Georges-Pompidou, qui constitue à ses yeux le signe d'un pouvoir fort, capable de mobiliser les forces nécessaires à la valorisation du patrimoine français et offre l'image concrète d'un laboratoire où circulent les savoirs et les arts. Il s'achemine sur le plan théorique vers une conception éminemment moderne du texte et de la création poétiques dont l'un de ses derniers recueils — *Pratiques d'écriture ou l'inachèvement perpétuel* — retrace, en 1984, l'évolution. Lorsque Francis Ponge s'éteint, en 1988, il laisse dans ses archives un grand nombre d'inédits, qui seront repris en 1992 dans un recueil posthume, le *Nouveau Nouveau Recueil.*

1966	Début de la Révolution culturelle chinoise.
1968	Mouvements étudiants et sociaux.
1969	Démission du général de Gaulle.
1973	Fin de la guerre du Vietnam.
1981	Élection de François Mitterrand à la présidence de la République.

Éléments pour une fiche de lecture

Regarder le ready-made

- Quel objet a été peint ? Est-ce que cela se devine à première vue ? À votre avis, que signifie le choix de cet objet ? Peut-on dire de cette œuvre qu'elle appartient à l'art « brut » ? Pourquoi ?
- Que traduit cette anthropomorphisation ? Quel caractère a voulu donner l'artiste à cet objet ? Comment expliquer les traits grossiers du personnage ?
- En quoi la manière dont a été créée cette œuvre peut s'apparenter à la démarche poétique de Ponge ? Comment la relation à l'objet s'établit-elle chez Chaissac et chez Ponge ?

La relation à l'objet

- Relevez les différents procédés qui permettent au poète d'humaniser les objets ou les animaux décrits dans le recueil (personnification, passage du sens figuré au sens littéral, nature du vocabulaire employé…). Quels effets cette représentation de la nature vous semble-t-elle entraîner ?

- En quoi, selon vous, les «définitions-descriptions» proposées dans le recueil visent-elles à autre chose qu'à approfondir la connaissance intellectuelle des réalités décrites ? Pour répondre à cette question, vous définirez pour au moins quatre textes les différentes informations développées, la manière dont elles sont organisées et l'importance qui leur est accordée, afin d'établir la part des données objectives dans chacun de ces textes.
- Après avoir cherché dans un dictionnaire le sens du mot «sympathie», vous tenterez d'expliquer le sens de cette injonction adressée au lecteur dans «La crevette» : «il ne faut pas [...] nous épargne[r] les douleurs sympathiques que la constatation de la vie provoque irrésistiblement en nous : une exacte compréhension du monde animé [...] est à ce prix».
- Afin de mesurer l'écart entre un discours strictement définitionnel et le discours poétique tel qu'il s'élabore dans le recueil, vous chercherez dans un dictionnaire de langue, puis dans un dictionnaire de type encyclopédique, les définitions des mots «crevette», «huître» et «mousse». Vous comparerez ensuite ces définitions avec celles qu'en donne le poète : quels points communs et quelles différences constatez-vous ?

La présence du sujet

- En relisant chacun des textes, relevez les différentes manières dont s'exprime la subjectivité de l'énonciateur dans la description des choses (énonciation, modalisation, types de phrases, choix des adjectifs...). Quels sont les poèmes où la subjectivité vous semble prendre le pas sur la définition et dans quel but ?

- La présence du sujet dans les textes vous semble-t-elle circonscrite à des endroits stratégiques ? Lesquels ? Par quels procédés le poète choisit-il parfois de souligner sa présence ?

- Après avoir fait quelques recherches sur le genre épidictique dans l'ancienne rhétorique, vous analyserez comment se distribuent l'éloge et le blâme au sein du recueil. Quelles caractéristiques communes présentent les éléments/les êtres dépréciés ? Au contraire, sur quels critères les objets/les êtres célébrés sont-ils élus ?

- De quelle manière s'exerce dans certains textes la critique sociale du poète ?

Un univers en mutation perpétuelle

- De quelle manière s'exprime le changement dans le recueil ? Quelle place la notion de cycle occupe-t-elle ?

- Relevez les différents processus de transformation de la matière et dites en quoi ils contribuent à transformer la vision de la nature proposée par le poète.

- Par quels moyens le poète parvient-il à dramatiser l'évolution de la matière dans « Le galet » et à offrir une véritable épopée de la pierre ?

Série Philosophie

Notions d'esthétique (anthologie) (110)

ALAIN, *44 Propos sur le bonheur* (105)

Hannah ARENDT, *La Crise de l'éducation*, extrait de *La Crise de la culture* (89)

ARISTOTE, *Invitation à la philosophie (Protreptique)* (85)

Saint AUGUSTIN, *La création du monde et le temps* – «Livre XI, extrait des *Confessions*» (88)

Walter BENJAMIN, *L'œuvre d'art à l'époque de sa reproductibilité technique* (123)

Émile BENVENISTE, *La communication*, extrait de *Problèmes de linguistique générale* (158)

Albert CAMUS, *Réflexions sur la guillotine* (136)

René DESCARTES, *Méditations métaphysiques* – «1, 2 et 3» (77)

René DESCARTES, *Des passions en général*, extrait des *Passions de l'âme* (129)

René DESCARTES, *Discours de la méthode* (155)

Denis DIDEROT, *Le Rêve de d'Alembert* (139)

Émile DURKHEIM, *Les règles de la méthode sociologique* – «Préfaces, chapitres 1, 2 et 5» (154)

Michel FOUCAULT, *Droit de mort et pouvoir sur la vie*, extrait de *La Volonté de savoir* (79)

Sigmund FREUD, *Sur le rêve* (90)

Thomas HOBBES, *Léviathan* – «Chapitres 13 à 17» (111)

Emmanuel KANT, *Des principes de la raison pure pratique*, extrait de *Critique de la raison pratique* (87)

Pour plus d'informations,
consultez le catalogue à l'adresse suivante :
http ://www.gallimard.fr

Composition Interligne
Impression Novoprint
à Barcelone, le 5 novembre 2014
Dépôt légal : novembre 2014
1er dépôt légal dans la collection : mai 2009

ISBN 978-2-07-038993-3./Imprimé en Espagne.

279948